「自由」は定義できるか

仲正昌樹

「自由」は
定義できるか

basilico

ギリシア神話における
最高神ゼウスの星・木星
全天の支配者とされる
この神秘の惑星のもと
新しい知の体系を編む
木星叢書刊行開始です

「自由」は
定義できるか

目次

装丁　渡邊民人（TYPEFACE）
本文デザイン　堀内美保（TYPEFACE）

第1章

「自由」を定義する?

✣「自由主義」という矛盾

「自由主義」というのは不思議な言葉である。現代社会では、「自由主義」はほぼ無条件に「よいこと」だと見做されがちなので、多くの思想家、知識人、政治家が「自由主義者」をポジティヴなニュアンスの自称他称として使っている。右の論客も左の論客も、自分こそは「リベラル（自由主義的）」であると言いたがる。

朝日や岩波などの左側の「リベラル」を名乗るメディアから、危険なナショナリズムの権化のように言われていた「新しい歴史教科書をつくる会」は、もともと――朝日や岩波のような自虐史観に囚われていないという意味で――「自由主義史観」を名乗っていた。一昔前まで、自由民主党――この政党名自体に「自由」が含まれている――の中で護憲に近い立場を取る穏健派のことをハト派と呼んでいたが、今では「リベラル」と呼ばれることが多くなった。また、丸山真男（一九一四－一九六）のような〝偉大な知識人〟には、「最後のリベラリスト」とか「自由（主義）の擁護者」という称号が与えられる。

近年、ラディカルなサヨクの中には、ネオリベ（ネオ・リベラリズム＝新自由主義）をしきりと批判——というよりは、罵倒——したがる人もいるが、彼らも、「ネオ（新）」のつかない「リベラリスト」に対しては遠慮があるのか、あまり批判の俎上にのせようとしない。「（本来の）リベラリズム」を批判すると、批判している自分たちが「リベラル」でないということになってしまって、困るからだろう——本当の本音としては、ネオの付かない「自由主義」がどういうものか分からないだけかもしれないが。現代日本のサヨクの大多数にとって、「リベラル左派」と呼ばれるのが、一番心地よいようである。

しかし、これだけ流行っている「自由主義」はそもそも、どういう価値観を信奉する「〜主義」なのだろうか？　文字通りに取れば、「自由」という価値を信奉しているということでいいかもしれないし、実際そのように言い切る人もいるが、それでは説明しにくい「自由主義」の用例が少なからずある。そういう説明しにくいケースについてここで、少しだけ突っ込んで考えてみよう。

正面から対立している「左」と「右」——別に対立する陣営が常に「右／左」の形を取るわけではないが、分かりやすくするために「右／左」で通すことにする——がそれぞれ、相手と比べて自分たちの方こそが「リベラル」あるいは「真の自由主義」であると主張するのはよくあることである。両方とも、「敵」の方は何らかの特定の価値観を信奉してそれに凝り固まっているのに対して、自分たちは、特定の価値観「から自由 free from」

であり、制約なしに自分たちの考えを表明し、タブーなしに議論し合うことができると強調する傾向がある。「自由主義者」は、価値観に縛られていないので、柔軟に考え、身軽に行動できるというイメージだ。

無論、第三者的に見れば、そういうポジティヴな「自由」のイメージを自分の専有物にし、相手の方にだけ〝不自由〟のレッテルを貼ることに固執する双方が、価値観に縛られていて〝不自由〟に思える。その意味で、誰が本当に「特定の価値観から自由」であると言えるのか判定しにくいが、少なくとも「特定の価値観に縛られていない」ということが、「自由主義的（リベラル）」であることの重要な条件の一つであるとは言えそうだ。「自由」というのを〝文字通り〟の意味にとれば、当然、そういうふうに、思考や議論の仕方、あるいは振る舞い方における「無制約性」を「自由主義」の尺度にした方がいいように思われる。

だとすると、「自由主義」とは、「あらゆる価値観から自由であるべきである」という〝価値観〟を〝信奉する〟ことである、という話になりそうだが、これはどうもしっくりこない。どこか矛盾しているような感じが残る。「特定の価値観から自由であるべき」という考え自体は、〝特定の価値観〟ではないのか？　別の言い方をすると、「自由」というのは、「平等」「公正」「安全」「福利」「友愛」「愛国」……などと並ぶ一つの価値であるのか、それとも、それらを超えたメタ・レベルにある超価値的なものなのか？

これはなかなか答えを出しにくい「問い」である。政治思想や経済思想、法哲学、憲法学などの教科書に出てくる「自由主義」に関する記述では、「自由」は、「平等」や「愛国」などと並ぶものとして位置付けられていることが多い。そういう〝きちんとした格式のある定義〟のいくつかについては、もう少し後で一応触れることにするが、「自由」とは何かという「問い」に関して、〝きちんとした格式のある定義〟に従ってしまうのは、あまり〝自由〟でないような気もする。

「自由」の核心が、他の何ものにも縛られずに自分で考え、行動することであるとすれば、他人が与えてくれる「自由」概念を〝素直に〟受け入れてしまうのは、非常に〝不自由〟ではないのか、と多くの人が感じていることだろう。「自由主義」あるいは「リベラリズム」について日本社会で一般的に流通するような定義を与えている〝知識人〟の大半は、東大、京大などの旧帝大クラスの一流国立大学――私の勤める金沢大はそれよりワンランク下――とか、早稲田、慶応などのそれに匹敵するとされる一流私大の有名な先生たちなので、そういう方々の権威ある定義に従うことには、尚更、〝不自由〟感が伴う。私も一応、大学で政治思想史の講義を担当している教師で、あまり他人事ではないのだが、授業で「自由主義」について説明しながらそらぞらしさを感じることがたまにある――私の場合、私が「自由主義」について何を言おうと、記憶に留める学生は百人に一人いるかいないかなので、あまり後腐れはないのだが。

「『自由とは何であるか』を自分で決めることが許されないというのであれば、そういう思想は『自由主義』とは言えないいんではないですか？　『自由主義』にとって一番大切なのは、『私にとっての自由とは何であるか』を私自身で決められるということではないのですか？」そういう率直な疑問を「自由主義」について偉そうに語っている先生たちに投げかけたとしたら、彼の大多数は渋々ながらでも「その通りですね」と認めることだろう。たとえ内心では、「どしろうとが思いつき言いやがって……」と思っても、〝リベラリスト〟という立場上、どしろうとの〝自由な発想〟であっても無下に却下できない。「自由とは何か」を自分で決めることができる「自由」こそが「自由主義」の真の本質だというのは、素朴ではあるが、否定しがたい説得力のある主張である。

そもそも「自由」に価値――あるいはメタ価値――を置くのが「自由主義」であるとすれば、「自由主義とは何か」を無理やり定義して、人々を導こうなどというおこがましいことなど考えないで、放っておけばいいではないか、という考え方もある。「自由主義」など面倒くさいものがない方が、各人が自分で〝自由〟に考えるうえで、便利であるような気もする。ついでに言っておくと、そういう〝分かり切った話〟を、さも意味ありげに

〝分かりにくそうに〟書いている、こういう本などもいらないかもしれない。

❖「自分で考えること」＝「自由」？

「自由主義の本質」＝「自分にとっての『自由』とは何かを自分で定義すること」という極めて分かりやすい理解をすれば、〝自由主義〟をめぐる「問題」は全てきれいに「解決」するのだろうか？　それで納得してしまう人もいるだろうが、恐らくそれだけで「分かった」つもりになれない人の方も多いからこそ、世の中には「自由主義」とか「自由」について、他人様向けにわざわざ解説しようとするお節介な本があり、そして、それを読みたがる酔狂な人もいると考えるべきだろう。

では、そういう酔狂な人々が、「自分なりに『自由』を定義する」だけではなかなか満足できずに、ちゃんとした「自由」の定義を求めたくなるのは何故だろうか？　そういう人は単に、「権威好きだからだ」とか「オタクだからだ」と言ってしまえば、それまでの話だが、一応、もう少しまともそうな理由があるのではないかという前提で考えてみよう。

まともそうな理由として第一に思い浮かぶのは、各「私」が、「私にとっての自由」を自分勝手に（＝自由に）定義してよいということにして、後は一切おかまいなしということにしてしまえば、「私」同士がお互いにとっては非常に迷惑な——場合によっては、危険な——存在になってしまう恐れがあるからである。これは容易に想像がつく。

例えば、「私ａ」が、「私の目の前のあらゆるものを自分のものにし、思う通りに処分できることが『私の自由』だ」と自分で決めたとすれば、ａの近くにいる「私ｂ」「私ｃ」「私ｄ」「私ｅ」……等にとっては、いつ〝自分のもの〟をａに奪われるかもわからないので、たまったものではない。その〝あらゆるもの〟の中に、他人の身体とか生命まで含まれたら、他の「私」たちは、命の危険に曝される。当然、ａが実際に〝自分の定義する自由〟に基づいてｂやｃの生命・身体に侵略を加えてきた場合、ｂやｃには、そうした〝ａの自由〟を一切認めずに、ａの侵略に抵抗する〝自由〟はあるはずだし、逆に、ａに対して侵略を企てる〝自由〟もあるはずだ、と〝自分で決める〟こともできるだろう。ただし、そういう〝自由〟をａ、ｂ、ｃ、ｄ、ｅ、ｆ……がそれぞれてんでんばらばらに主張し始めたら、それはまさにバトル・ロワイヤル状態であり、みんな常に戦々恐々としていなければならない。

後でまた詳しく見ることになるが、一七世紀の英国の哲学者ホッブズ（一五八九－

一六七九）は、このように各人が自分なりの〝自由〟を行使しようとしたら、「戦争状態」になってしまうのではないかと指摘し、それを自らの政治思想の起点にしている。無論、結果的に「戦争状態」になり、常に命の危険に曝されていたとしても、「それでも私は、自由である」と感じる奇特な〝私〟もいることだろうが、この私（＝著者）のような小心者はとてもそういう状態に耐えられない。「こんなに危なくて緊張を強いられる状態は、『私』にとって『自由』ではない」、と感じてしまうだろう。そんな危ないことになるくらいならいっそのこと、「『私の自由』を私自身で決める〝自由〟など行使しないということにしてもよい」、と考えるようになるだろう――それもまた、私自身で決めた「私の自由」である、と言うことができる。言い換えれば、「この私」が「『私の自由』を私で決める自由」を（自己）抑制するのと引き替えに、他の〝私〟たちが、「この私」の生命・身体を侵略することがないように保障してほしい、と望むようになる。

臆病で小心な「私」たちは、「自由とは何か？」あるいは「どこまでの自由なら社会的に許容されるのか？」についての「みんな＝私たち」にとっての共通で客観的な基準を欲しがる。「みんな」が安心できるようになれるのであれば、てんでんばらばらの「私」たちを代表して、あるいは「私」たちになり代わって、誰か偉い人に「自由とは何か？」を定義して、ある意味押しつけてもらった方がいいとさえ思うようになる。そのようにして、「自由主義」というお節介で根本的に自己矛盾した思想の出番が出てくる。「私」たちは、「偉大なる自由主義者」が与えてくれる〝真の自由の定義〟が、「私自身が定義した『私の自由』」と合致する、と自分で自分に言いきかせるようになる。

「『私の自由』を私自身で定義する〝自由〟を、その〝自由〟自体を根拠に、私自身から他の誰かに委ねる」という結構複雑な操作が、各〝私〟の中でなされているとすれば、「自由主義」による「自由」の定義なるものがこの世に存在するのは、それほど不思議な話ではないような気がする。しかし、各「私」がそれぞれ自分の〝自由〟に基づいて、自分が納得し、安心できる「自由」の定義を与えてくれる〝自由主義〟を選んでいるわけであるから、どの〝自由主義〟に基づく定義が「正しい」と絶対的な根拠をもって言い切ることはできない。

「みんな」それぞれ自分なりに安心できると思える「自由」の定義に、自分の〝自由で〟依拠しているとすれば、その内のどれが社会全体（＝「みんな」）にとって「正しい」かを最終的に規定しようとすれば、「自由」の自己抑制どころか、究極の自由の抑圧になりかねない。そういうわけで、〝真の自由〟をめぐる、埒の明くはずがない〝論争〟が延々と続かざるを得ない。だからこそなおさら、諸〝自由〟の間の交通整理をしてくれそうな「自由主義」本を無駄だと思いつつも読みたくなるのである――中には本書のように、交通整理の逆を行くものもあるわけだが。

人々が「自由」の定義を与えてもらいたがる第二の理由として、「何が〝この私〟にとっての〝自由〟なのか」自分でも分からない、あるいは分からなくなるという事態がしばしば生じるということが考えられる。ヘンな話をしているように思えるかもしれないが、そう思う読者は、「どういう時に私は、『私は自由である』と感じるのか？」と自問してみてほしい。改めて考えてみると、意外と〝自分〟だけで答えを出すのが難しいことが分かるだろう。それは、「私」の〝内〟で「私にとっての自由」の基準が、時間の流れの中で、そして周囲の状況と共に、絶えず変動しているからである。

例えば、十年前のまだ大学の専任教員になる前の私（著者・仲正のこと）であれば、自分が、学生に対して授業を行なう機会があまりないこと、大学を運営する教授会などの機関に出席できる身分でないことを不自由に感じていた。専任教員になれると、いろんな面で自由な活動ができるようになるのではないかと思っていた――そう思っている文系大学院生は多いはずである。実際に大学の専任教員になってみると、確かに自由になった面は多いような気がするが、少なくとも、いかにもやる気のなさそうな金沢大の学生相手に授業をしなければならないこと、教授会で同僚たちのたわごとを聞かねばならないことは、たとえ給料のためとはいえ、不自由極まりないことのように感じる。

もう少し一般的な例を出すと、インターネットに繋がったパソコンが手元にないと、いろいろな仕事ができないで不自由に感じるが、あったらあったで、故障したり、余計なメールがたくさん来たりで手間がかかり、かえって不自由に感じることがしばしばある。現時点では、「私の置かれている状態は理想状態Aではないので、不自由だ」と思っていても、そのAが現実化されてみると、さほど自由であるとは感じない、むしろ余計に不自由であると感じるようになった、という経験を私たちはしょっちゅうしている。そうした時、「私」たちは、「Aを〝自由な状態〟として求めたことによって、私は自分自身をかえって不自由にしてしまったのではないか？」と後悔し、落ち込んでいく。

無論、そうした不毛な後悔に対しては、「それは、Aが実現したこと自体によって不自由になったのではなくて、x、y、z……などの関連する他の条件とのミスマッチで、不自由になったのである。〝本当に自由〟になろうと思ったら、x、y、z……なども改善する必要がある」というような〝合理的説明〟を対置して相殺することもできなくはない。「この私」の場合だったら、「大学の専任教員にはなったものの、その大学が一流ではないし、私自身が著名人ではないせいで、かえって不自由になっている面もあるのであって、もっといい大学に就職し、もっと著名にならなければ、本当の意味で〝自由〟になれない」と自分に言い聞かせることはできる。

そのように〝自由の条件〟をどんどん追加していって自分を納得させるか否かは――たとえそうした発想が第三者的に見て、ものすごいわがままであったとしても――基本的に「この私自身の自由」に属することだろう。分不相応な高望みをしながら「私はかえって不自由になったかもしれない」と思い煩う愚か者が〝間違っている〟、とは言い切れない。「私自身で『私の自由』を決める」ことが原則であるとすれば、こうした意味で「愚かである自由」も認めざるを得ないだろう。

そんなに面倒なことを考えないで、「私にとっての自由の基準はその都度変化し、決して固定しない」と思い切った方が楽になる、と考える人も少なくないだろう。「私」自身も本当のところ、そう思っているふしがある。しかし、ことが自分の生命・身体に関わる場合、「どうでもいいや」式の発想はしづらいだろう。「酒を飲む自由」とか、「タバコを吸う自由」、「セックスする自由」などが、時として、とてつもない生命・身体に関わる〝不自由〟をもたらす可能性があることは言うまでもなかろう。やりたいことをやって、結果的に〝不自由〟になるのは本望だという人もいるかもしれないが、世の中の大多数を占める小心者はそれでは不安である。いわゆる「自分自身との戦い」をめぐる問題である。

多くの人は、「私の自由が結果的に私の身を滅ぼす」ことがないよう、虚構でもいいから〝真の自由〟概念的なものによって、自分を縛りつけたいと思う。そこで、第一の理由の場合と同じように、小心者のための「自由」論が必要になる。「他人の自由」との関係で、「真の自由」を定義する必要がある場合と比べて、自分の「内」での様々な〝自由〟の調整が問題になる――無論、「内／外」の区分はそんなに容易ではないが、それについては後で述べる――場合は、集団的な拘束を受ける必要は必ずしもないので、「自由主義」とは言わないこともある。カント（一七二四－一八〇四）の系譜を引くドイツ系の抽象的な哲学や倫理学などで論じられるのは、主としてこうした内的な意味での「自由」論である。

❖「自由主義」あるいは「自由論」の分類

冒頭から、「自由」あるいは「自由主義」を、誰からもどんな側面からも異論が出ないように〝きれいに定義する〟ことがいかに難しいかを目一杯強調してきたので、ここらへんで、もううんざりという〝読者〟もいるだろう。そういう人は無理に〝読者〟にならないでもいい。その〝自由〟は当然あるし、著者である「この私」にも、「本気で読む気もないのに〝読んだ〟ふりだけして、ブログなどで、本の内容とは本当は全然関係のない鬱憤ばらしの書き込みをするような〝読者〟はお断わりである！」と言い切る〝自由〟があってしかるべきだろう。「自由」の話は、本来的に非常にごちゃごちゃしているものであり、さも「自由」を〝きれいに定義する〟ことが可能であるかのように装うのは、インチキである、というのが私の基本的な立場である。

本書全体を通して私が明らかにしたいのは、パンピーである「私」たちの大多数が、①「『私の自由とは何か』を定義する〝自由〟が、各『私』自身のものであらねばならない」、しかし、②「『私の自由とは何か』を定義する〝自由〟を制限しておかないと、『私』の内外で深刻な問題が生じる」——という二つの命題の間で、いつも右往左往しているという身も蓋もない現実である。ただし、その身も蓋もない極めて単純な現実を〝本当は分かっている〟はずなのに、いつのまにか忘れてしまった（かのように振舞っている）人は決して少なくない。「自由」について妙に独善的になったり、逆に、妙に悲観的になったりする。当たり前のことを確認しておくことは重要である——重要だと分かっている人ばかりだったら、私もこんな本は書かない。

そう断言してしまえば、基本的に話はすんでしまうはずだが、多分、これだけでは抽象的すぎて、ピンと来ないだろう。そこで、これまでの思想・哲学史において、様々な立場

「この私」は、そういう「自由」論をめぐる儀礼的な身振りは、〝不自由〟極まりないと感じているので、無視することにする。別に、お決まりの作法の真逆を行く——それはそれでかなり〝不自由〟である——つもりはないが、私なりのやり方で、わざと話がまとまりにくいような〝方向〟に展開していく。それが著者の〝単なる怠惰〟のせいか、〝本来の意図〟だと思うかは、まさに読者の〝自由〟である——でも、〝単なる怠惰〟だと思う奴は、公害のような悪口感想をネットに書き散らすんじゃない！

第2章

「自由主義」の起源

✣「自由／不自由」

前章で示した「『私の自由』は〝この私〟自身が定義すべきか？」という禅問答のように込み入っていかざるを得ない〝本質的な問い〟をいったん括弧に入れておいて、取りあえず、「自由」をめぐる議論をスムーズに進めていくために、「自由」を暫定的に、ある程度の具体性をもってイメージ化しようとする場合、どういうところから入るのが得策——あくまで得策であって「正解」ではない——だろうか？

一番簡単なのは、［不自由ではない＝自由］という前提に立って、「不自由」と思われる事態・状態を列挙しながら、その反対項としての「自由」を徐々にイメージ化していくやり方である。「自由／不自由」「正義／不正義」「平等／不平等」「人間的／非人間的」「男性／女性」「プラス／マイナス」「右／左」のような形で、あらゆる物事を二つの正反対の特性を持つ項のいずれかに分けて、「分かり」やすくするやり方を、哲学的には「二分法」あるいは「二項対立」（dichotomy）という。「分かる」という日本語の動詞も、語の作り方からして、事物を「分ける」ことと深く結び付いている。

「不自由／自由」の二項対立関係から「自由」をイメージ化していく際に、あらかじめ理解しておくべきことがある。「男性／女性」「雄／雌」「正電荷／負電荷」のような〝自然な区別〟——自然には区別しきれないケースもあるが、本題ではないのでここでは度外視する——と異なって、「自由／不自由」や「平等／不平等」のような、抽象的な「価値観」それ自体に関わる二項対立の場合、「不」とか「非」、英語でいうと〝un-〟とか〝im-〟が付くマイナス側のものの方が、何もついていないプラス側の方より遥かにイメージしやすいということだ。

例えば、「正義とはどういうことか?」と言われると、あまりにも漠然とした感じがして、なかなか答えにくいが、「不正義とはどういうことか?」と言われると、政治家・公務員の汚職、公共事業をめぐる談合、マスコミの偏向報道、学校でのいじめ問題の隠蔽、派遣労働者の酷使、地域間経済格差、職場や学校でのセクシュアル・ハラスメント、家庭内暴力、児童虐待……など——きちんとした脈絡があるかどうかは別として——いくらでも思いつく。そういう「不正義」の具体例のどれか一つに着目して、それが「正義」へと転換されるにはどういう条件が満たされるべきか、というように考えていけば、少しずつ「正義」のイメージを固めていくことができないわけではない。

何故、マイナスの価値からの方がイメージしやすいかというと、これに対する「答え」

は簡単である。抽象的な価値観をめぐる二項対立では、通常、マイナスの方が「現状に対する不満」に焦点を合わせる形でイメージされるのに対し、プラスの方が、そうした不満のタネが取りのぞかれた「理想状態」としてイメージされる傾向があるからである。プラスの方は、基本的に誰も純粋に経験したことがないユートピア――ユートピアの原義は、「どこにもない場所＝非・場所」を意味するギリシア語の〈u-topos〉――的な状態なので、すぐには思い浮かんでこない。誰も経験していない状態だからである。それに対して人間というのは、常に自分を取りまく現状に対して不満を抱き、どうにかしようとする存在だから、マイナスの方はいくらでも思いつく。当然、どういう不正義、不平等、不公平……を最初の出発点に取るかによって、理想としてのプラスのイメージはかなり変わってくる。

そうした抽象的な価値をめぐる様々な二項対立の中でも、「自由／不自由」は本質的に主観的なもの――「自由」の定義については争いがあっても、「自由についての評価が主観的にならざるを得ない」ことはほとんどの人が認めることだろう――なので、マイナスの側で思い浮かぶ例の方も極めて多様であり、一定の方向へとイメージを収斂させにくいところがある。

「六本木ヒルズに住めない」とか「ＴＶに出ているタレントとデートできない」「毎日美

女（美男）とセックスできない」「堂々とドラッグを吸引できない」……などというような社会的に非常識な〝不自由さ〟を感じる人、「鳥のように空を飛べない」「水中で生活できない」「透明人間になれない」「ヒグマを殴り殺せない」……などの人間である限り致し方ない〝不自由さ〟を感じる人もいるかもしれないし、中には自分が「人間であって、神ではないこと」に〝不自由さ〟を感じてしまう、ちょっと危なそうな人もいるかもしれない。そういうナンセンスな〝不自由さ〟を感じることもまた、恐らく本人の〝自由〟であるように思われるので、どのあたりを基準にしたらいいのか迷ってしまう。

ほとんど意味のないようなものまで含んだ様々な〝不自由〟の中から、〝本当の不自由〟を選び出してください、と言われた時、「人」——ここではわざと、「人」という抽象的な言い方をしている——は、どのように答えるだろうか？　ほとんどの人は、「深刻さ」を尺度にして、〝本当の不自由〟を選ぶことだろう。では、何が本当に深刻な不自由なのか？　これでもまだ結構抽象的な問いではあるが、極めて有力な答えとして、「身体的な行動の自由が、（他人の意志によって）物理的に縛られている状態」、更に言えば、そのことによって、「私の生命の安全が脅かされていること」というのが考えられる。

自分自身の心身の能力や財力、権力が足りないせいで「Xすることができない」のは「自分の問題」なので自分で納得しやすいし、自分の周囲の自然環境や動植物などのせいで「Yすることができない」のも、「相手が自然」なので、致し方ないと諦められる。しかし、他の「私」たちの意図的かつ物理的な手段による妨害によって、「私がZをすることができない」ということがはっきりしていたら、「この私」は極めて〝不自由〟に感じることだろう——他の「私」たちが、マインド・コントロールなどによって「私の心」に間接的に働きかけ、私を〝不自由〟な状態に追い込むという中間的な状況も考えられるが、それをここで論じるとあまりにもややこしくなるので、詳しくは後で。他人の意志によって、私の意志を私が実行に移すことが妨げられていると分かった時、「私」たちはその状況をどうにか解消して、他人の支配から「自由」になりたいと感じる。

常に他人の意志の支配下に置かれていて、自分の意志通りに行動できない「人」は、欧米的に言えば、「奴隷 slave」である。ギリシア・ローマ以来の西欧の法・政治の歴史において、「自由人」であるとは、もともと「奴隷＝不自由」ではないことであった。古代ギリシアのポリス（都市国家）での「自由（エレウテリア eleutheria）」とは、「奴隷状態（ドウレイア douleia）」にないことを意味していた。ポリスの市民の資格を持つ自由人（エレウテロス eleutheros）とは、奴隷（ドウロス doulos）ではない人のことであった——自由人の家族である女性や子供とか、在留外国人など、中間的な存在もいたが、ここでは触れないことにする。こうした「自由／奴隷」の歴史的な二項対立が、西欧の政治思想史において展開してきた「自由」論の原点にあるわけである。

かなり大雑把な言い方をすると、西欧近代の政治思想の最大の課題は、どのような原則に基づいてどのような手順で「奴隷状態」（に近い状態）にある人々を、「自由状態」（に近い状態）に移行させていくかということにあった、と言うことができる。

❖日本国憲法における「不自由／自由」

こうした西欧政治思想史における「自由／奴隷」型の二項対立の〝痕跡〟は、実は「日本国憲法」の内にも見ることができる。「奴隷」の話に行く前に少しだけお勉強しておこう。

憲法の中で、基本的な人権としての「自由」に直接的に言及しているのは、十九条から二十三条までである。十九条で「思想及び良心の自由」、二十条で「信教の自由」、二十一条で「集会、結社及び言論、出版その他一切の表現の自由」、二十二条で「居住、移転及び職業選択の自由」、二十三条で「学問の自由」が規定されている。憲法学的に言うと、この内、二十二条が「経済活動の自由」で、それ以外が「精神活動の自由」である。「精神活動の自由」は更に、二十一条の「外面的精神活動の自由」と、十九条、二十条、二十三条の「内面的精神活動（内心）の自由」に分かれる。

ここで少し注意する必要があるのは、（「表現の自由」ならまだしも）「内心の自由」とかいう言い方をすると、「心の中の自由」の話であるかのような印象を受けるが、「法」が直接的に「精神」とか「内心」に入っていけるはずはない。個人が精神活動を自分の「内」あるいは「外」で営むのを、公権力が間接的に妨害してはいけないということである。あまりにも当たり前のことだが、「憲法」などの法律で規定される「自由」というのは、「法」が個人に対してその〝自由〟を与えるということではなく、妨害はしないように介入を控えるということでしかない。このことを理解しないで、「心の中の自由が保障されているかどうかどうやって確認するのか？」などと考え始めると、わけが分らなくなる。

これらの自由の規定に「先行」する十八条に、ちょっと風変わりな記述がある。「何人も、いかなる奴隷的拘束も受けない。又、犯罪に因る処罰の場合を除いては、その意に反する苦役に服させられない」というのである。英語では、〝No person shall be held in bondage of any kind. Involuntary servitude, except as punishment for crime, is prohibited.〟である。日本の近代史にはあまり馴染みのない「奴隷」という言葉——サヨクの中には、貧しい労働者、小作農、被差別部落出身者、売春婦などが〝奴隷〟だという人がいるかもしれないが、厳密な意味での「奴隷」ではないだろう――が唐突に出てくるので、やや違和感がある。もともとアメリカ人の発想に由来するので、違和感があるのは、ある意味当然である。

この十八条のもとになったのは、南北戦争（一八六一－六五）後の一八六五年に、アメリカ合衆国憲法に追加された修正十三条第一節の「奴隷又は意に反する苦役は、犯罪に対する処罰として当事者が適法に有罪宣告を受けた場合を除いて、合衆国又はその管轄に属するいずれの地域においても存在してはならない。Neither slavery nor involuntary servitude, except as a punishment for crime whereof the party shall have been duly convicted, shall exist within the United States, or any place subject to their jurisdiction.」という文言だとされている。ごく最近まで「自由人」ではない「奴隷」が制度的にも実在していたという歴史的な前提の下で、「彼ら」を奴隷状態から「解放＝自由化 liberate」し、「私たち＝自由人」の仲間にすることが、アメリカ憲法の新たな理想として掲げられた、ということである。自由な市民たちから成る共和政体でありながら、同時に、「自由」を全面的に欠く存在である「奴隷」も実在していたということが、近代の新興独立国家アメリカの特性である。

このアメリカの修正十三条の考え方を〝受け継ぐ〟形で、日本国憲法の十八条は、「奴隷的拘束＝自由の欠如」という状態の全面否定を標榜している。この規定には、「自由」という言葉は直接出てこないが、「奴隷」という「自由」の対極にあるものを否定してみせることで、「自由である」ための最低限の条件を間接的に示している、と見ることができる。十八条の「犯罪に因る処罰の場合」という例外規定を受けて、こちらの方を主題にした三十一条には、「自由」という言葉がちゃんと出てくる。「何人も、法律の定める手続によらなければ、その生命若しくは自由を奪はれ、又はその他の刑罰を科せられない」という。この二つの条文が合わさって、日本国憲法における「罪刑法定主義」の原則――簡単に言うと、当該の行為を行なった時点で「法律」に書かれていなかった「罪」を問われることはないこと――を構成しているとされている。

何人もかつてのアメリカ合衆国の黒人のように、身体活動における主体性を認められないで、「物」として売り買いされ、処分されるようなことがあってはならない、という最低限の原則が確保されていなかったら、当然、「経済活動の自由」は意味をなさないし、「精神活動の自由」も守られない可能性が高いだろう。憲法にわざわざ明記する必要があるかないか――昨今の憲法改正論議でも言われているように、「善い」ことであれば必ず憲法に書くべきであるというわけではない――は別にして、「奴隷的拘束からの自由」が、他の「自由権」の前提になる前権利的、あるいは超権利的な「自由の基本条件」であるのは間違いないだろう。文字通りの「奴隷」には、法的な「人格 person」がなく、犬や猫と同様に「物」と同じはずなので、「奴隷の権利」について語ることには原理的に意味がない——現実のアメリカの奴隷には、部分的に〝権利らしきもの〟が認められていたようだが、あまりにも煩瑣になるのでこの問題には立ち入らないことにする。日本の憲法学では、「人身の自由」という言い方をする。

❖「人身の自由」と罪刑法定主義

法哲学的に見ると、この自由権の前提条件としての「人身の自由」は、近代刑法の「罪刑法定主義」と〝深く〟結び付いている。「各人の身体の自由が保障されていること」と、「犯罪を犯した人間の身体の自由は制限される」というのは、普通に考えると、両立しにくい。「犯罪を犯すこと＝他人の自由を侵害すること」が、その人物の「身体の自由」を「外」からの強制で制限すべき特別な例外的理由になるとしても、その人物が「犯罪を犯した＝他人の自由を侵害した」と、誰がどのようにして判定するのか、という問題がある。わがままな支配者が、思いつきで「おまえの存在自体が私にとってムカツク。おまえがいると、私は自由を感じられない。存在自体が犯罪だ」と認定するようなことがしょっちゅうあれば、潜在的に奴隷的拘束を受けているようなもので、「人身の自由」が保障されている自由な社会とは言えない。

「自由な社会」においては、誰かの気紛れで、もしくは、そこまでいかなくても、どうとでも取れるような曖昧な基準で、「犯罪」認定がなされて、「自由」が奪われるようなことがあってはならないはずである。かといって、他人の心身に平気で暴力を加えたり、物を盗ったりするような輩を野放しにしていても、各人の心身の自由は保障されない。ここに、「自由の保障」と「犯罪の処罰」をめぐるジレンマがある。原則論を言えば、自分自身の「自由」に基づいて自分を拘束するのであれば、外からの働きかけによる「自由の侵害」にはならないとも考えられるが、常識的に考えて、〝犯罪を犯すような人間〟が、自分で自分の罪を認めて、自分自身の自由を自発的に制約するとは想像しにくい。そんな素直な人間なら、最初から他人に迷惑をかけるような犯罪行為をするはずがない。

このジレンマから脱して、何とか辻褄を合わせるための苦肉の策として考えられるのが、「もし『この私』が、他の人の身体・生命を脅かすようなことがあったとすれば、『その時点での私』が犯罪者として社会的に認定され、身体の自由を奪われるべきであることに、『現時点での私』は同意する」という事前の約束を各「私」がしておくことである。

そうしておけば、「今の私」が「未来の私の身体の自由」を制限するという理屈になるので、形式的には、他人によって「外」から自由を制限されるということではなくなる。その場合でも、「『今の私の自由意志』によって、『未来の私の自由』を縛っておく」というのは、「私」にとって「自由」な状態か不自由な状態か、という哲学的にややこしい問題が残る――それは「私の内の自由」の話なので、詳しくは後で論じることにする。少なくとも、そういう事前約束がありさえすれば、私の関知しないところで、他人の意志によって一方的に自由を奪われるということではないので、「奴隷」とは異なる、ということだけは言えるだろう。

無論、現実的には、そういう事前約束を各人が個別に行ない、どこかに記録として残しておくというのは全然現実的ではない。そこで、「各人は自由で自立した主体である」という前提に立つ近代法は、そうした事前約束を「法律」という形で「みんな」でまとめて取り付けておく、というテクニックを使う。つまり、議会での討議などを通して「みんな」で制定した――個人の身体の自由を奪うことを意図する刑法などの――「法律」の存在をもって、「『今の私の自由』で、『未来の私の自由』を縛る」ことに「わたしたち＝みんな」が自発的に同意したと「見なす」わけである。いわば、「『今のみんなの自由意志』で、『将来における各人の自由』を縛ることにした」ということにしておくのである。

こうした、「自由」と「処罰」の関係についてのちょっとばかりややこしい理屈を考えて、近代刑法学の元祖になったとされるのが、ルソー（一七一二－七八）の「社会契約論」の影響を受けた一八世紀のイタリアの法学者ベッカリーア（一七三八－九四）である。ベッカリーアの主著『犯罪と刑罰』（一七六四）は岩波文庫にも入っているので、法学好きの人はどこかで読んでおいて欲しい。

ただそうはいっても、「刑法」のような形で法律が実在していることをもって、「『今のみんなの自由意志』で、『将来の各人の身体の自由』を制限した」ことにしていいのかということに、疑問を持つ人は少なくないだろう。特に、国会での与党による強行採決を、「数の暴力だ！」と罵り、犯罪の取締強化に関する法律が成立するたびに、「ファシズムへの一里塚だ！」と叫んでしまうサヨクな人は、こういう話に我慢できない。根っからどうしようもなくサヨクな〝読者〟――本当は「毒者」と書きたい――たちは、既に「そんなインチキあるか！　そんなインチキをまことしやかに紹介する仲正はやっぱり右だ」と脊髄反射的に叫んでいるかもしれない。当然のことながら、まともな法学者なら、法律という形で「みんなの自由意志に基づいてみんなの自由を制限している」のが虚構もしくは擬制であることは分かっているはずだし、多少は「法」について勉強した私も、サヨクに言われるまでもなく、十分承知している。私自身も、むしろインチキくさい設定だと思っている。

ただ、これについての疑問は、後でルソーの社会契約論を検討する際に取り上げるので、サヨク系のパブロフのワン君たちは、ちょっと待ってなさい――「自分で自分の自由を縛る」ことができずに、すぐに吠えてしまうのがワン君だから、「待て！」といっても意味ないか！

❖「市民」としての「自由」

話をもう一度、西欧の政治思想における「奴隷／自由」の二分法に戻そう。古代ギリシアやローマのように、「自由な市民」たちから成る共和制の都市国家では、「奴隷／自由」が社会的な身分として極めてはっきりしていたわけであるが、中世・近世のヨーロッパの封建制になると、皇帝や国王のような世俗の君主の下に様々な階層・職業の人がおり、それと並んでローマ法王を頂点とする教会の階層もあったので、「不自由／自由」はさほどはっきりしなくなる。

ただ、古代の「奴隷」に近い存在として、世界史の教科書でおなじみの「農奴 der

Leibeigene」がいた。農民である「農奴」は、「奴隷」とは違って、家族を形成し、農具や住居を所有することは認められ、〝行動の自由〟も広かったが、基本的には土地の付属物と見做され、領主・地主が、土地と共に売り買いすることができた。当然、土地を離れることは許されなかった。「農奴」と違って、自分なりに生計の立て方、住むところを選ぶことを許されていたのが「自由民der Freie」である。

中世の封建制は、農業経済によって成り立ち、各封建領主は、農奴込みで土地を所有することによって収入を得て権力基盤にしていたわけであるから、「農奴」が土地を自由に離れることを簡単に認めるわけにはいかなかった。封建制が続く限り、人口の大部分を占める農奴を中心とした農業労働者たちは、生まれた土地に縛り付けられていた。この点は、日本の武家支配時代の封建制とよく似ている。周知のように、米が経済の基本単位であった日本の封建時代にも、農民たちは生まれた土地を離れることは許されなかった。

ヨーロッパの中世において、例外的に自由民が多数を占めていた空間が、商工業が営まれていた都市である。各地の交易の中心として発展した大きな都市の中には、皇帝や国王から自治権を獲得したものがあった。ドイツの中世都市には、「都市の空気は自由にするStadtluft macht frei」ということわざがあった。これは、封建領主の支配下におかれていた「農奴」が、都市や修道院へ逃れて一定の期間を過ごせば、「自由民」の身分を得られたという慣習法を、都市自体の持っている自由な「雰囲気＝空気Luft」に被せた表現である。

この場合の「自由」とは、当然のことながら、封建領主からの「解放＝自由化liberation」という意味での「自由」に限定されており、近代的な人権思想を基盤にした「自由」とはかなり隔たっていた。〝自由な空気〟が支配するはずの都市の中では、各種のギルド（同業組合）が営業のための資格や条件を制限しており、自由に商売を始めることは許されなかった。ギルドの正式の構成員である「親方Meister」になるには、徒弟から始めて長い修業を経なければならなかった。修業しても、「親方」としてその都市で開業できる保障はない。「経済的自由」が、かなり制限されていた。

先の日本国憲法の自由権のリストに即して言うと、農村から都市へと「移動」することによって、「農奴」という身分から一応解放されるというのは、二十二条の内の「居住、移転の自由」の部分と、十八条の「人身の自由」がセットで達成されるということである。

これは、至極当然の繋がりである。「人身の自由」が大前提として保障されていない限り、「居住、移転の自由」が保障されることはあり得ない。逆に言うと、「自由な居住、移転」を実行に移してしまったら、「私の身体」は既に、これまで私の持ち主であった「他人」の物理的支配の圏外にある、ということだから、「人身の自由」は実質的に確保された、と見ることができる。

ただし、避難所としての都市空間によって「人身の自由+居住、移転の自由」が獲得できたとしても、都市内部での身分・資格構造があったため、二十二条の後半の「職業選択の自由」までも自動的に保障されるわけではない。「移転」することによって、「人身の自由」さえとにかく確保できれば、それだけでも大きな前進であり、後は何とかなるのではないか、と思うかもしれないが、ことはそう単純でもない。各種のギルドによって、職業の選択が制限されているので、新たな市民たちは、生きていこうとすれば、かなり不本意な仕事を強いられることになるし、場合によっては職にありつけず、飢え死にするかもしれない。「人身の自由」と引き換えに、飢え死にする危険に常に晒されてしまうのでは、余計に〝不自由〟であると言えなくもない。

この問題は、西欧世界の政治的な近代化（脱・封建社会化）の過程において本格的に浮上してくる。学校の教科書に書いてあるようなことを更に大雑把にまとめると、大体、以下のような流れになる。近代化の第一段階として、農村から都市への人口移動によって、自由民である「市民」が増加するという現象が起こるが、ギルド的な制約がある限り、新しい「市民」たちはすぐに「職業選択の自由」を享受できない。増えた「市民」を養うには、新たな産業が興り、十分に成長している必要がある。一六世紀の終わり頃から西欧諸国で成立した絶対王政下では、各地の封建領主たちから様々な特権を接収し、常備軍を整備するようになった国王が、一部の大商人に特許を与える形で新しい産業を保護したので、ある程度の人口は吸収できた。

しかし、一部の大商人だけを優遇するというのでは、成長に限界があるし、強い権力を持った国王は、国民に無理な税負担や兵役を強いたり、逆らうものを不当に——つまり、罪刑法定主義によらないで——逮捕したりすることもあった。また、そもそも国王の権力自体が封建制に由来していたので、封建的な身分秩序を完全に解体することには消極的なところがあった。「自由な市民」たちの活動の余地を更に拡大するには、王政を崩壊させるか、あるいは少なくとも、その権力を大幅に削減する必要が出てきたわけである。

一七世紀半ばから一八世紀末にかけて西欧諸国で起こった、英国の清教徒革命と名誉革命、アメリカ独立戦争、フランス革命などの「市民革命」は、そうした流れの中に位置付けることができる。これらの革命で焦点になったのは、「人身の自由」の全面的な保障と、「職業選択の自由」も含んだ「経済活動の自由」の拡充、そして、そうした基本的な〝自由〟をめぐって公権力と政治的に交渉する際の根拠となる各種の「精神活動の自由」である。つまり、「人身の自由」や、「経済活動の自由」など、どういうことを指すのか外形的に分かりやすい〝自由〟をめぐる前近代的権力と「市民」との利害対立が、近代的な「自由主義」の起源になったわけである。

このように、市民革命の時代に焦点になった〝分かりやすい自由〟にだけ限定して考えれば、政治指導者とか偉い先生が、〝一般庶民〟を「代表」あるいは「代理」して、統一的な「定義」を与えていたのも、やむを得ないという感じがするだろう。〝一般庶民〟は、そもそも「人身の自由」さえ、きちんと保障されていたかどうか分からないからである。「私自身が『私の自由』を定義すべきか?」という問いが、具体的な意味を持ってくるのは、少なくとも、「言いたいことを言っても、逮捕されない」程度の表現の自由が確保されて以降のことである。そういうと、「じゃあ、それが本当に確保されたのはいつ頃なんだ?」、という疑問を抱く読者もいるかもしれないが、それは各国の歴史をよく見ないといけない微妙な問題なので、明確に答えるのは避けておく。ただ、「今の日本にも言論の自由はない。我々は監視カメラによって見張られている。いつ逮捕されてもおかしくない」、とすぐに騒ぎたがるサヨクたちに付ける薬がないことだけは確かである。

❖「信教の自由」の政治性

　このように経済や身分に関わる、外形的に分かりやすい「自由」と関連付ける形で、「精神活動の自由」の起源を説明しようとすると、「だったら、憲法二十条の『信教の自由』はどうなる?」という疑問も出てくるだろう。もっともな疑問である。二十一条の「集会、結社及び言論、出版その他一切の表現の自由」だと、経済的な自由を獲得するための闘争において必要そうだし、その根拠付けとして、十九条の「思想及び良心の自由」も必要になりそうだが、そこに「信教の自由」がどう関わっているのか、(現代)日本人的には少々分かりにくいところである——日本は、天皇を信奉する宗教ウヨクの連合体によって支配されているという陰謀史観を強く信奉するサヨクには、何の不思議もない話であるかもしれないが。

「信教の自由」というやや異質な響きのあるものが出てきた理由をごく簡単に説明すると、「前近代のヨーロッパでは、世俗の君主と並んで、キリスト教会あるいは聖職者たちも封建的な権力を持っていたので、教会の干渉の根拠になっている『信教の面での拘束から自由になる』ことも必要だった」、ということになるだろう。しかし、それだけだとあまりに漠然としているので、少しだけ歴史教科書的な説明をしておこう。

周知のように、キリスト教圏である西ヨーロッパにおいては、「信教の自由」の問題は、カトリックとプロテスタントの対立に起因する。中世においては、ローマ法王を頂点とする教会が、自らも広大な領地（＋農奴）を所有して君臨していただけでなく、「神の代理」として、世俗君主の政治にもしばしば介入していた。キリスト教の教えが王侯貴族にも民衆にもかなり浸透していた時代にあっては、教会から、「あなたのやっている政治は、神の御心に合わない（だから、地獄に落ちるかもしれない）」と脅かされると、個人としても不安になるし、下にいる人々を繋ぎとめておくことができなくなる。だから、いやいやながらでも、教会のいうことを聴かざるを得ないこともある――無論、世界史の教科書にあるように、世俗君主の方が物理的暴力を背景に教会を脅かすこともあった。

特に、神によって任命された（とされる）ローマ法王は、「無謬」、つまり決して過ちを犯すことがないという教義があったので、法王が口にした宗教＝政治的判断に抗うのは難しかった。法王が無謬であるということは、法王の直接の意を受けて、聖職者が行なう行為も、無謬であるということになる――別にサヨクに餌をやるつもりはないが、戦前の大日本帝国憲法体制下では、無謬である天皇の意志に基づいて、公務員が行なう行為は絶対に違法ではなかったので、国家賠償法がなかった。そういう無謬の［法王―教会］体制の下にあった人々は、自分なりに神をイメージして信仰を持つことに対して、教義という形で「外」からプレッシャーを受けると同時に、教会が君主として直接的に行使する権力と、世俗の君主の統治への間接的影響を通して政治的・経済的・身分制的にも拘束を受けていた。「教会」が、心の内における内的自由と、他者との関係における外的自由の双方に対する二重の阻害要因になっていたわけである。無論、それが〝自然〟だと素朴に信じている人にとっては、全然〝不自由〟ではないわけだが。

この状態に風穴を開けて、二重の意味での「個人の自由」の思想がヨーロッパに広がるきっかけを作ったのは、ルター（一四八三―一五四六）による「宗教改革」である。世界史の教科書でもおなじみのように、ルターは、それを買えば魂の罪が軽減されるという「免罪符」のドイツ国内での販売に抗議し、ヴィッテンベルク城教会の扉に、これを批判する「九十五か条の論題」を貼り出した。これに続いて執筆した『キリスト者の自由』（一五二〇）では、キリスト教徒は信仰において魂の「自由 Freiheit = libertas」を得ているという神学的な議論をした後で、万人が自らにとっての祭司であるとして、法王や高位の聖職者などの権威によって神の祝福があるかのような従来の教えを批判している。

神の救いの恩寵に関する教会の特別の地位を否定し、個々のキリスト者の内面における

「信仰の自由」を主張するこうした考え方が、ルターの少し後に登場したツウィングリ（一四八四－一五三一）やカルヴァン（一五〇九－六四）の更にラディカルな教えの影響下において、プロテスタント（抗議する者）という名称で広がっていくことによって、ヨーロッパの中でローマ法王の権威は次第に低下していく。それに伴って、ローマ法王や高位聖職者たちの教会権力、及びカトリック教会の権威と結びついた神聖ローマ帝国に反発していたヨーロッパ各地、特に北部の国王や君主たちが、教会と帝国の支配から離脱するようになった。個人の内面における「信仰の自由」をめぐる問題が、世俗の君主たちにとっての政治的・法的な自由をめぐる問題へと発展していったわけである。

そうした脱カトリックの動きは、最終的に、やはり世界史の教科書でよく見かけるカトリック陣営とプロテスタント陣営の間の三十年戦争（一六一八－四八）にまで至る。言うまでもなく、この戦争は純粋な「宗教戦争」ではなく、諸国王・君主間の勢力争いや、民族紛争なども絡んでおり、必ずしもカトリック同士が味方であったわけでもないという複雑な構図になっていた。しかし、三十年も続いた戦争の帰結として、ローマ法王が全ヨーロッパのキリスト教徒の内面を、教義の面から縛ることができる状態が終焉したことは確かである。

三十年戦争を終結するために結ばれたウェストファリア条約では、各国の君主の（法王と皇帝から独立した）主権が認められた。これが、現在の「国民国家 nation-state」体制のもとになる――「国民国家」の定義をここでいちいち書くと煩瑣になるので、ピンと来ない人は、参考書が無茶苦茶たくさんあるので、適当に勉強して下さい。これらの「国民国家」の多く、特に（カトリックのように厳格で細かいヒエラルキーがない）プロテスタント系の国家では、個人の「信仰の自由」の余地は大きく広がった。カトリック教会との繋がりを断って、宗教的権威による支えを必ずしも必要としなくなった国家にとっては、諸個人の「信仰の自由」を保障しておいた方が、国民の自発的（自由）な忠誠心を繋ぎとめやすくなったわけである。

カトリック系の国家の中には、国家の政治権力と教会組織が依然として強く結び付いていたものがあるが、そうした国家においては、「人身の自由」「経済活動の自由」「外的表現活動の自由」を求める「市民」たちの活動が、国家権力だけでなく、教会権力とも対抗するようになる。その典型は、カトリック教会が法王庁よりもむしろ、絶対君主としての国王に忠誠を示し、高位の聖職者が宰相などの政府の地位に就く、ガリカニスム――ローマ帝国時代のフランスの名称である「ガリア」に由来する――という独特の形態を一七世紀以降発展させたフランスである。

近代自由主義の本質を端的に言い表したとされる「私はあなたが何を言っても賛成しな

いが、私はあなたがそれを言う権利を死んでも護るだろう」というフレーズで知られ、フランス革命にも影響を与えた啓蒙思想家ヴォルテール（一六九四―一七七八）は、「個人の自由」を抑圧する教会に反対する立場を鮮明にしていた。ディドロ（一七一三―八四）やダランベール（一七一七―八三）などは、反教会の立場を更に先鋭化していき、無神論あるいは理神論にまで至る。周知のように、一七八九年の革命以降のフランスでは、市民の政治・経済的な自由の確立の一環として、教会の権威の政治からの排除（政教分離）が進められた。

英国では、エリザベス一世（一五三三―一六〇三）の父親に当たるヘンリー八世（一四九一―一五四七）が、伝統的な教義ゆえに離婚を許可してくれなかったローマ法王庁と決別し、国王自身を教会長とする英国国教会という独自の制度を作った。しかし、もともとプロテスタント的な意味での「信仰の自由」をめぐって分離したわけではないので、教会にはカトリック的な儀礼やしきたりが残存することになった。教会長でもある国王の下で、高位聖職者たちの教会権力と、宮廷の高官たちの世俗権力の結び付きが、更に強くなった面もある。一七世紀になって、絶対君主化した国王が、政治・経済的に「国教徒」だけを優遇する政策を取ったため、ピューリタン（清教徒）――カルヴァンの影響を受け、禁欲と勤勉をモットーとするプロテスタントの一派――が多い新興の中小商工業者層との間で緊張関係が生じ、清教徒革命の原因になった。ここでも、「経済活動の自由」を求める闘いと「信仰の自由」を求める闘いが重なっていたわけである。

❖「不自由にするもの」からの自由

この章でここまで〝一見雑然と〟――「本当に雑然としている!」と叫ぶ〝毒者〟もいるだろうが、基本的に無視する――述べてきたことを要約すると、近代の生成期における「自由」をめぐる闘争は、世俗の君主や教会など、はっきりと目に見える権力を持って、民衆の活動を制限する存在に対して行なわれていた、ということである。各種の権力の強制によって狭められていた諸個人の思考と行動の範囲を拡大し、そのことを「自由権」という形で確認し、制度化することに主眼が置かれていた。こうした初期自由主義的な文脈では、基本的に「権力vs.個人」というお馴染みの図式に即して「自由」が問題にされるので、「自由」の尺度についてそれほど複雑なことを考える必要はない。権力による外からの拘束が少なくなり、その分だけ個人の思考と行動の余地が拡大することが、「自由」の拡大発展と見做しておけばよいわけである。

無論、カトリック教会の強固な権力構造が崩壊し、人々がどのような神観・信仰観・道徳観を持つかにいちいち干渉し、説教しようとするものがなくなったからといって、各自が主体的に自分の信仰のあり方を問い直し、「自由」に、自分にもっともしっくりくる信仰を求めるようになるとは限らない。英国で市民革命を起こしたり、メイフラワー号で北米大国に渡ったようなごく一部の先鋭化された選民意識を持っている人々を除いて、民衆の大多数にとっては、自分たちの住んでいるところがたまたまカトリック教会の勢力圏だったらカトリックになり、そこがプロテスタントだったら、プロテスタントになるというだけのことだったろう。

よく考えてみると、「宗教」、特にキリスト教のような唯一神教は、「私」の理性・判断力を超えた未知の存在（＝神）に、わが身を委ねることを本質としているわけだから、自分で「自分の信仰」を自由に選べるというのは、少しヘンな気もする。自分の判断で、信仰がどうにでもできるのであれば、少なくとも「私」の中では、「神よりも私の方がエライ」ことになってしまうのではないか？　そこで、古今東西ルターのような宗教改革者や新興の宗教の教祖は、必ずといっていいほど、「神（的な存在）の啓示を受けた」――本当に受けたかどうかは、本人を含めて誰にも分からないことである――ことを、自らの信仰観を主張すべき根拠にする。「私が一番！」では、信仰にならないのである。

だったら、なぜ、そうした〝啓示〟を「受ける」という受身的なことを、「キリスト者の自由」などと呼ぶのか、紛らわしいではないか、という根本的な疑問も出てくるが、そのことは、後の方の章で少し突っ込んで考えることにする。ここでは取りあえず、教会の外的権力の崩壊が、必ずしも個人の「内面」における「(いかなる既成観念にも囚われない)自由な信仰」の自発的な形成に直結するとは限らない、という非常に当たり前のことだけ確認しておこう。

思想・信条の自由や、反公権力的な言論活動の自由、経済活動の自由についても、これらが「自由権」として法的に保障されるようになったからといって、各人がそれを積極的に活用して、独自の政治的な主張を開示したり、ユニークなライフスタイルを築きあげるようになるとは限らない。惰性で、〝自由〟になる以前の生き方をほぼそのまま継続する可能性は高い。これから何を食べるかというようなレベルの話——といっても、何を食べるか本気で悩む人もいるわけだが——ならいざしらず、自分の人生の重要なことについて「自分で決め」ようとすれば、いろんなことを考慮に入れなければならないし、不確実性がつきまとうので、さほど支障がなかったら、惰性に任せて「これまで通り」にする人の方が圧倒的に多いだろう。「惰性で既成観念・慣習に従う自由」もあるとすれば、そうなってしまうのも仕方ないことだろう——そういう惰性を認めない「義務論的自由論」とでも言うべき立場もあるが、これについても、やはり後で述べることにする。

ともかく、こうした意味での内実、つまり「自由」を実践すべき「主体」の側の自発性が伴っているか否かを別にして、何らかの「目に見える大きな権力」が、諸個人の「自由」を抑制しているという状況があれば、当面は、その権力を解体すること＝自由、と分かりやすく考えてもいいだろう。権力による外的な制約がなくなった後で、各人が「私は本当に自由か?」と自問するようになる。ただし、そのように自問するとは限らないし、たとえ自問しても、「私の自由」を積極的に構築しようとするとは限らない。

問題なのは、「目に見える権力」がかなり弱体化した〝後〟でも、「反権力＝自由」という分かりやすい図式を、「自由」をめぐるあらゆる現象に当てはめる癖がなかなか抜けないサヨクな人々が結構いることである。現代日本において、中世のカトリック教会とか、農奴を使役する領主、戦前の天皇のような強力な権力があって、それに対抗する「自由の闘争」がなされねば、「自由が死ぬ」というのは、あまりにも大げさな話であるが、サヨクはそういうのをベタに信じている。そういうサヨクは通常、「反権力の闘いに立ち上がろうとしない人は自由でない→自由がないから反権力の闘争に立ち上がれないのだ→反権力の闘争に立ち上がれないということは、自由がないからだ→自由がないからこそ……」という感じで、無限に続く不毛な循環思考にはまっているが、それがおかしいとは思わない――おかしいと感じるくらいの知恵があるなら、やってられるはずないか！

別に政府・自民党が言論統制しなくても、日本の大衆の圧倒的多数は、「新自由主義」――ちなみに私は、サヨクが〝新自由主義〟と呼んでいるものに思想・政策としての実態はないと思っている――とか「格差社会」とか「監視社会」とか「右傾化」……とかに対して、生き生きと反対の声をあげることで、自分の「自由」を実質化しようとか、再確認しようとはしないだろう。少々「いやな風潮だ」くらいには思っても、自分の生活にまだそれほどの支障がない限り、惰性で生きようとする。自分が目に見える形で被害者にならない限り、それも仕方ないことだ、と私なら思う。

しかしサヨクは、それが各人の内面における「現実」だと認めようとしない。大衆が「自由の闘士」として立ち上がらないのは、「ウヨクが本音を言わせないように、巨大な権力を使って計画的に抑えつけているためだ」、と決め付ける。そして、ウヨクによる「日の丸・君が代」の押し付けなどの例を見つけてきて、それを一般化し、「やはり、ウヨクの権力による言論の押し付けが行なわれている。この現実を見ろ！」と強圧的に叫ぶ。自分たちの同志が見付けてきた例が、特殊なケースだとは絶対に認めない。「そんなのは、ごく特殊なケースだろう」と言う人の〝言論の自由〟はあまり尊重しない。「人々が生き生きと反権力の闘争を行なっていない→権力の物理的な暴力によって自由が抑圧されている」、と無茶苦茶単純に逆算する。

ちなみに、本書で私が「サヨク」と呼んでいるのは、こうした初期近代的な素朴な「自由」観を卒業できず、卒業しようとも思っていない原始的な思考形態の人たちのことである、と理解してもらいたい。この人たちにとっては、生き生きと反権力を叫ぶことが、酒や煙草と同じで、それなしには生きていけない生活必需品なのかもしれないが、私にとっては、「人間の知能の限界」を見せつけられているようで、とにかく不快である。

第3章
自由のための「国家」

❖自然状態の「自由人」たち

近代初期において、諸個人を生まれた土地・身分・信仰にがんじがらめに縛りつけておこうとする聖俗の権力を弱める闘争が進行していったわけであるが、そうした闘争の最中に、「でも、権力による抑制が全くなくなって、各人がてんでんばらばら（＝自由）に振舞うようになったら、大変ではないか？」、と考え始めた人たちもいる。西欧政治思想史では、この問題を最初に提起したのは、第1章でも少し触れた、英国の哲学者ホッブズだとされている。

ホッブズは、「我思う、故に我あり」で有名なデカルト（一五九六－一六五一）のほぼ同時代人で、清教徒革命期の人である。国王の絶対主権を正当化する論文を書いたため、国王と対立する議会派から非難を受けることになり、一六四〇年にフランスに亡命した。しかし、無神論者と見なされて、亡命宮廷の国教徒や、フランスのカトリック教徒たちから睨まれ、五一年に、清教徒革命を経て共和制になっていた英国に逆亡命し、王政復古後（一六六〇）も英国に留まった。彼の主著『リヴァイアサン』（一六五一）はフランス亡命期に書かれたものである。

ホッブズは、国家のような目に見える権力が制度的に存在するようになる〝以前〟の「自然状態」を想定し、そこで各人が、生まれついて持っている「自然権」をてんでんばらばらに行使していたら、一体、どうなるか想像することから話を始めている。その場合の「自然権」というのは、以下のように定義されている。

《自然の権利とは何か》著作者たちがふつうに自然権 Jus Naturale とよぶ自然の権利 Natural Right とは、各人が、かれ自身の自然すなわちかれ自身の生命を維持するために、かれ自身の意志するとおりに、かれ自身の力を使用することについて、各人がもっている自由であり、したがって、かれ自身の判断力と理性において、かれがそれに対する最適の手段と考えるであろうような、どんなことでもおこなう自由である。（水田洋訳『リヴァイアサン（一）』岩波書店、一九五四、二一六頁）

ホッブズは、各人がこうした意味での「自然権＝自由」を行使するようになれば、各人の各人に対する「戦争状態」が生ずる、と指摘する。何故かと言えば、各人が自分の生命を維持するために、自分の思い通りに、自分の力を使用する権利＝自由を有するとすれば、可能性として、お互いの「身体」に対してさえ権利を持つということになりかねないからである。端的に言えば、必要とあれば、相手の身体を取って食べたり、強姦したり、奴隷として労働力を搾取したりする権利を有するということである。お互いに、そんな「権利＝自由」をいつ行使されて命を失うか分からず、戦々恐々としている状態であることを、ホッブズは「戦争状態」と呼んでいるのである。

ここで、〝専門的な哲学的議論〟が苦手な少々頭の堅い人——私自身もどちらかというと、堅い方である——であれば、自然状態の中にいる人間が、獣のように本能のままに行動して、単純に殺し合っているだけだとしたら、「何でそこに権利の話が出てくるのか？」という疑問を持つことだろう。「権利 Recht, droit」というのは通常、何らかの「法 Recht, droit」が支配している社会にあって、「法」によって客観的に認定された、私が「自分の自由にしてよいことの範囲」を意味する——ドイツ語の〈Recht〉やフランス語の〈droit〉など、英語を除く西欧の主要言語では、「権利」を意味する語が同時に「法」を意味する。その「法」が存在する〝以前〟の状態である「自然状態」に、「権利」の話を持ち出すのは少しヘンである。

しごくもっともな疑問ではあるが、政治思想史の専門的な教科書では、この点についてあまり突っ込んだ説明はない。「自然状態に自然権がある」というのは、いわば、数学の証明における公理のようなもので、ホッブズ系統の近代政治哲学を理解するうえでの自明の理になっているので、〝プロ〟はそれ以上説明しようとしないのである。あまり〝プロ〟でない私が、少し無理して、このことの意味をやや素人っぽく説明すると、大体以下のようになる。

人間が制定した「法」を意味する英語の〈law〉、フランス語の〈loi〉、ドイツ語の〈Gesetz〉などは、同時に、自然界の「法則」をも意味する。キリスト教的世界観が通用している間は、神、あるいは神に相当するような超越的な存在が自然界の運動のメカニズムとして直接的に定めた「法則」と、神の代理である「教会」が定めた「法」は、根は一つであった、というより、どっちも「法」であった。現代の普通の日本人には極めてイメージしにくいが、完全に「近代」に入る前の西欧世界に生きていた人にとっては、動物が自然の法則に従って規則的に行動しているのと、人間が神の教え――実質的には、教会の教義――に従って、規則正しい社会生活を送るのは、基本的に同じことだったのである。

「自然状態」においても、（教会や世俗君主によって制定されたのではない）「自然法」という形で「法」が働いているとすれば、そこに「法」によって認められる各人の「権利」があっても、おかしくないということになる。実際、ホッブズは、自然状態に一定の――神によって制定されたかどうかは定かでないが――「自然法」が働いている、と想定している。ただし、ホッブズが想定している「自然法」というのは、「社会の中で善良に振舞え！」と積極的に命ずるような「法」ではない。それはむしろ、「各人に自然に備わっている自己保存欲求に従って、ともかく自己自身を守れ！」と命ずる「法」、もっと言えば、「(自己保存という）本能のごとくに生きよ！」、という「法」である。現在、我々が自然界における弱肉強食の「法則」としてイメージしているものとほぼイコールの「法」である。「自己保存しろ！」と（「私」の内から）命じる「法」であれば、それは結局、「私自身の本能に従って、自己保存してもいい」という「権利」と等価であり、「自然法」と「自然権」は同じことの両側面ということになる。ホッブズはつまるところ、私たちには、自然界の弱肉強食の法（則）に基づいて、自分を守るために自分の思うところに従って（＝自由に）あらゆることをやってもよい「権利」がある、と言っているのである。

しかし、各人がそうした「自然法」を根拠として、原理的には地の果てまで及ぶ自らの「自然権」を行使し続けたら、先に述べたように、結果として、みんなでみんなの「権利」を侵害し合うことになる。人為的な法制度がある状態と違って、「自然状態」において働いている「自然法」は、各人の「内」にある自己保存欲求に働きかけるだけで、「権利」と「権利」の間のぶつかり合いを客観的に裁定して、違反者を罰してくれることはない。

そもそも、各人にとっては、自分の「自然権」こそが「自然法」に基づいて絶対であるから、自分の自己保存欲求に基づく行動――それが何を目指すものであれ――を阻止しようとする他者の行動は、端的に「不正義」である。自然状態における「正しさ Right」――英語の〈right〉、ドイツ語の〈Recht〉、フランス語の〈droit〉がいずれももともと「正しさ」を意味することに注意――の尺度は、人の数だけあるのである。

❖自然権の相互譲渡

各人がばらばらに自分の「自然権」を行使していたのでは、全員が絶えず命の危険に晒されることになり、結果的に、「自己保存」という本来の目的を果たせなくなる恐れがある。自然界の動物がそうであるように、お互いに牽制し合って、緊急の必要性がない限り、無闇に手出ししないようにしておけば、少しは安心できる。しかし、お互いの「心」の中まで見ることはできないので、不確かである。そこでお互いに、自分たちの「自然権」を制限することを約束して、各自の自己保存という目的の達成をより確実なものにするよう、各自の理性に働きかける「第二の自然法」が作動するようになる、というのがホッブズ理論の次のステップである。

《第二の自然法》人びとに平和への努力を命じるこの基本的自然法から、ひきだされるのは、つぎの第二の法である。「人は、平和と自己防衛のためにかれが必要だとおもうかぎり、他の人びともまたそうであるばあいには、すべてのものに対するこの権利を、すすんですてるべきであり、他の人びとに対しては、かれらがかれ自身に対してもつことをかれがゆるすであろうのとおなじおおきさの、自由をもつことで満足すべきである。」というのは、各人がなんでも自分のこのむことをするということの権利を保持するかぎり、そのあいだすべての人びとは、戦争状態にあるのだからである。（中略）これは、「他人が自分に対してもとめるすべてのことを、あなたが他人に対しておこなえ」という、あの福音の法である。そして、「あなたに対してなされるのを欲しないことを、他人に対してしてはならない Quod tibi fieri non vis, alteri ne feceris」という、あのすべての人間の法である。（『リヴァイアサン（一）』、二一八頁）

要は、お互いに、「自由に振る舞ってもいい」縄張りを画定し、相手の縄張りを尊重するように決めておくということである――この場合の「縄張り」というのは、単に空間的なものだけを指しているわけではなく、各人の行動の影響が直接的に及ぶ範囲のことである。相手の縄張りを尊重している限り、取り敢えず、その相手から襲われる危険はないわけである。相手の縄張りには「入っていけない」ということになると、第一の自然法に基づいて本来所有していたはずの「無限の自然権」（＝相手の生命・身体までも含めて何でも自由にしていい権利）が一部削減されたことになり、その分だけ、「私」は〝不自由〟になったような感じがしないでもない。

確かにその通りなのだが、ここで少し注意する必要があるのは、そうした〝やや不自由な状態〟は、他の誰かに強制されたものではなく、「自己保存」という目的を貫徹するという私自身の意志によってもたらされたということである。相手が「私」を縛っているのではなく、相手に縛られる前に、私自身が「私」を縛っているのである。〝私自身の自由意志〟によって、〝私の自由〟を制限しているのであるから、「私は依然として自由である」と考えることもできる。このように、一定の条件の下に、お互いの自由を、自らの自由意志で制約することを「契約 contract」と言う。「契約」というのは、ホッブズに限らず、近代の法・政治思想において、「私が強制ではなく、自分の（自由）意志で、『私の自由』を制約する」という事態がありうることを説明するためにしばしば援用される方便である。

近代市民社会では、教会や君主によって上から与えられる「掟＝法」や、暴力ではなく、対等の立場での「契約」によって、お互いの行動を制約するというのが、人間関係の基本である（ということに建前上はなっている）。大学の法学部で教えられている実定法科目で一番大きなウェートを占めているのは、「民法 Civil Law」であるが、「民法」というのは簡単に言うと、市民の間の「契約」の基本パターンを定めている法律だ。「民法」を中心に体系化されている近代法では、市民同士の間で「契約」が成立した場合には、そこにはお互いの〝自由意志〟が働いていたと見做すという〝お約束ごと〟がある。

無論、個別具体的なケースに即して考えみると、本当に〝自由意志〟に基づいていると言えるのか、怪しい「契約」なぞいくらでもある。学校・大学に入学する時とか、会社に入社する時、我々はいろんな項目について、当該の団体と「契約」を結んでいるが、本当に自由意志で契約していると思う人は少ないだろう。借地借家契約とか、NHKの受信料の契約などもそうである。他に選択肢がないので、〝仕方なく契約する〟ことが多い。そんなことはほとんどの人が本当は分かっているのだが、それでも「契約」してしまった以上は、〝自由意志〟が働いたと見做されるのである。脅迫などによって、自由意志であったかのように振る舞わされたと認定された場合は、その〝契約〟は法的に無効になるが、「契約」自体は、定義上、常に自由意志に基づいたものである、ということになっている。

それが、近代法の原則である。

ホッブズは、そうした市民間の金銭的取引を中心に発展してきた「契約自由の原則」を、人間関係全般に拡大適用することで、法的な規則の体系を備えた「国家Commonwealth」が生成してくる仕組みを説明することを試みる——文字通りに訳せば、「共通の富」を意味する〈Commonwealth〉は、現在では「イギリス連邦」を指すが、ホッブズの当時は現在の「国家state」の意味で用いられていた。「国家」という存在を、各人が自己保存を目的として相互に結んでいる「契約」を、全員でまとめて結んだものと見なすことにするわけである。「国家」という大きな枠組みで、みんなでまとめて相互の「自己保存」のための契約を結ぶという形を取ることで、「AとBの間に結ばれた個別の契約Xが、第三者であるCとの間では通用せず、AはCとの間でXと内容的に矛盾するところもある別の契約Yを結ばねばならないかもしれない……」というような不安定性・不確実性を回避できる。そう考えると、国家の定めた法に従うことは、自分が自由意志で結んだ「契約」に自発的に従うことと、基本的に同じことになる。

このような、諸個人がある目的のために団体を結成して、その団体の規約に自らの自由意志で従うことの延長線上で、国家に従うことが説明できるとしたら、万々歳なのであるが、現実の「国家」は、自分たちの意志で任意に設立し、解散できる一般の団体とは異なる、というのが多くの人の実感であろう。我々の知っている普通の「国家」は、みんなの意志で解散するのが難しいだけでなく、気が変わったからといって、個人で離脱することさえかなり難しい。普通の団体を結成する契約と、そう簡単には解散できない「国家」を設立する契約の間のギャップを説明する必要がある。それを何とか説明すべく、様々なヴァージョンの社会契約論が登場してくる。

❖ホッブズ的な社会契約と「自由」

「国家」創設の契約についてのホッブズの考えは、極めてシンプルである。この契約は解除できない。いったん「国家」が創設され、国家の構成員全員の人格を「表現 present」あるいは「代理 represent」する形で意志決定を行なう権能＝主権が、特定の人物あるいは集合体に付与されると、他の国民は全て主権者に従う「臣民 subject」になる――哲学史上の詳しい話は避けるが、現代の哲学用語として「主体」を意味する〈subject〉はもともとは、「臣民＝従う者＝下に置かれているもの」という意味で使われていた。「臣民」は自らの自由意志で、自己保存のために、国家の主権を受け入れることを選択している存在であるから、主権に背くということ自体が本来ありえない、というのである。

ある君主に対して臣民である人びとは、かれのゆるしなしに、君主政治をなげすてて無統一な群衆の混乱へ復帰することはできないし、また、かれらの人格を、それをになっているものから、他の人または人びとの合議体へと、移転させることもできない。なぜなら、かれらは、すでにかれらの主権者であるものが、おこなうであろうすべてのこと、およびおこなわれるにふさわしいと判断するであろうすべてのことを、自分のものとしてみとめ、その本人とみなされるように、各人が相互に拘束されているのであり、したがって、だれかひとりが異議をとなえて、のこりのすべてのものが、かれとむすんだ信約を破棄することになるとすると、それは不正義である。（『リヴァイアサン（二）』岩波文庫、一九六四、三七頁）

ホッブズの理解によれば、「国家」の創設の「契約」に参加したということは、「その国家の主権者が適切であると判断して命じることは、『私』自身の意志でもある」ということに「合意」したということである。「主権者」というのは、国家という集合体の人格を「代表」するものとして振る舞うよう、最初の「契約」によって指定されている存在であり、「臣民」はその「主権者」に従う（be subject to）――〈subject〉は形容詞として使う時は、「～に従う」という意味になる――よう指定されている存在である。従って、「臣民」が「主権者」に背いて、「契約」を台無しにするのは論理的にありえないことであり、それを敢えてするのは不正義だということである。

抽象的で分かりにくいという人向けに、少しだけ具体的な例で例えると、ある宗教団体とか政治団体、体育会系のきついサークルなどに入る時に、「この団体を辞めることは決してありません。それは私の変わらぬ意志です」という誓約を一筆取られて、何かのきっかけで「もう辞めたい」と言い出した時に、「これがおまえ自身の『変わらぬ意志』ではないか！」と迫られるケースを想像してみたらいいだろう。最初に「私の意志は変わらない」と宣言した以上、それはずっと効力を持ち続け、後になって取り消せない、という理屈である。民法的に考えれば、そんな契約は当然無効であるが、倫理的な問題として考えてみると、結構微妙なところがある。フツーの人であれば、「永遠の誓い」を破ることに、多少の良心の呵責は感じるだろう。ともかくホッブズは、国家創設の契約を無効にすることは絶対に不可能と言っているのである。

こうした絶対服従契約を結んで、それに縛られてしまうと、当然、「臣民の自由」の余地は著しく制限される。見方によっては、国家主権の下での「安全」と引き替えに、個人としての「自由な活動」の余地は実質的にゼロになったと言えるかもしれない。ホッブズ自身は、以下のように述べている。

世界中どこにも、人びとのすべての行為や語を規制するのに十分な諸規則が規定されているコモン－ウェルスは、（それは不可能なことだから）存在しないので、必然的に、法が黙過したあらゆる種類の行為について、人びとは、もっともかれらに有利だと自分たちの理性が示唆することを、おこなう自由をもつということになる。（中略）臣民の自由は、したがって、かれらの諸行為を規制するにあたって主権者が黙過したことがらについてのみ、存するのであって、たとえば、たがいに売買したり、そのほかの契約をすることや、かれら自身の住居、かれら自身の食物、かれら自身の生業をえらび、かれらの子供たちをかれら自身が適当とおもうように教育することなどが、自由なのである。（『リヴァイアサン（二）』、八九頁以下）

ホッブズはこのように、臣民である「私」たちの活動を、国家の主権に直接関わる領域（公的領域）と、主権と直接的に抵触する恐れの少ない自分自身の生活に関わる領域（私的領域）に分けたうえで、後者についてのみ「臣民の自由」があるという極めて消極的・抑制的な〝自由〟観を示した。ここには、日本の憲法二十二条で言うところの居住・移転及び職業選択の自由と、民事的な契約に関する自由は一応含まれているように思われる。しかし、「主権者」の命令に反することはできないわけだから、表現の自由や結社の自由はかなり制約されると考えられる。「安全」のために、自然権として所有していたはずの「自由」のかなりの部分を犠牲にすることになる。

しかも、それだけにとどまらない。主権者の命令次第では、一番肝心の「人身の自由」さえ脅かされかねない。本当にそこまで行ってしまったら、何のために「契約」したのか分からなくなる。命令に従って、殺されてしまったら、元も子もない。

✣「契約」の見直し

国家創設のための「契約」というホッブズの着想は、「国家」という枠組みの中で、各自の「自由」と相互の「安全」を両立させるうえで都合良かったが、最初の契約の拘束力があまりにも強すぎるので、非常に〝不自由〟になってしまう可能性が高い。そこで、「契約」の中身を修正して、もっと使い勝手のよいものにしようとする政治思想家たちが出てくる。

その中で有力な選択肢になったのが、イギリス経験論の創始者としても有名なロック（一六三二－一七〇四）の『統治二論』（一六八九）である。この著作は、王権神授説を批判する前編と、自然状態から契約を通して国家と政府が生じてくる仕組みを論じた後編「市民政府論」から構成されており、政治・法思想史で重視され、よく言及されるのは後編の方である。世界史の教科書でも有名な「名誉革命」（一六八八－八九）に理論的根拠を与えただけでなく、アメリカの独立戦争（一七七六）や、フランス革命（一七八九）にも影響を与えたとされるこの著作でロックは、政府が人民の利益に反した統治を行なう場合には、人民は政府から権力を取り戻すことができると論じている。

人間が社会を取結ぶ理由は、その所有の維持にある。また彼らが立法府を選任し、授権する目的は、こうして作られた法や規則が、社会のすべての成員の所有を保護し、垣根をし、その社会のどの一部、どの一員といえども、これを支配しようとすれば制約し、その権力に限界をおくということにある。（中略）であるから、もし立法府が、社会のこの基本的原則を破るならば、そうして野心なり、恐怖なり、愚鈍なり、もしくは腐敗によって、人民の生命、自由および財産に対する絶対権力を、自分の手に握ろうとし、または誰か他の者の手に与えようとするならば、この信任違反によって、彼らは、人民が、それとは全く正反対の目的のために彼らの手中に与えた権力を没収され、それは人民の手に戻るようになる。人民は、その本来の自由を回復し、（自分たちの適当と思う）新しい立法府を設置することによって、彼らが社会を作った目的である自分自身の安全と保障の備えをするのである。（鵜飼信成訳『市民政府論』岩波文庫、一九六八、一二二頁以下）

ロックに言わせれば、立法府あるいはその執行機関（政府）は、国家あるいは社会創設の際の「契約」に基づいて、契約の目的を実現することを「信任entrust」されている――〈entrust〉という英語は、英米法の用語としては、特定の目的のために使うことを条件に、第三者に自分の財産の運用を「信託」することを意味する。契約の目的というのは、各人の生命・自由・財産を保持することである。この目的に反することを行なうようになってしまった政府に対して、人民は「信任」を解除して、本来の「自由」、つまり自然状態において享受していた自由を自分の手に取り戻すことができるというのである。

このように言うと、「でも、自然状態に戻ったら、再び各人は命の危険に晒されることになるので、かえって〝不自由〟ではないか？」というホッブズ的な疑問が湧いてくるが、ロックはホッブズと違って、自然状態が戦争状態だとは想定していない。先に述べたように、ホッブズの「自然法」というのは、「自己保存欲求に従え！」という極めて「法則」的なもので、直接的に、他人に対する暴力を禁止するものではない。それに対して、ロックの「自然法」は、他人の生命・自由・財産を侵害することなかれと、各人に命ずる。

自然状態には、これを支配する一つの自然法があり、何人もそれに従わねばならぬ。この法たる理性は、それに聞こうとしさえするならば、すべての人類に、一切は平等かつ独立であるから、何人も他人の生命、健康、自由または財産を傷つけるべきではない、ということを教えるのである。人間は、すべて、唯一の全智全能なる創造主の作品であり、すべて、唯一の主たる神の僕であって、その命により、またその事業のため、この世に送られたものである。（中略）各人は自分自身を維持すべきであり、また自己の持物を勝手に放棄すべきではない。同じ理由からして、彼は自分自身の存続が危うくされないかぎりできるだけ他の人間をも維持すべきであり、そうして、侵害者に報復する場合を除いては、他人の生命ないし生命の維持に役立つもの、他人の自由、健康、肢体、もしくは財貨を奪いもしくは傷つけてはならないのであ

る。（『市民政府論』、一二頁以下）

この引用から分かるように、ロックはキリスト教的な世界観に半ば立ち返る形で、「人間は、神の被造物として一人一人使命を与えられている。だから、自分とは別の使命を帯びている隣人と争ってはならない！」と命じる「自然法」の存在を主張する。この自然法が各人の間に働いているので、たとえ政府から権力を奪い返しても、全面的な戦争にはならないというのである。

それだったら、最初から国家などいらないではないかという疑問が出てくるが、ロックに言わせれば、純粋に「自然法」だけだったら、その解釈に若干の個人差があるので、時として衝突が生じる。特に、見知らぬ相手と遭遇したような時に、予期せぬ事態が起こりやすい。そういう対立を解決するために、国家を創設して、細かいルールを決めて立法化する必要が出てくるというのである。「国家」は、自然法を補完するために創設されるわけである。従って、現在の日本で憲法に違反する法令が無効であるのと同じように、自然法に違反する政府の命令は無効であるということになる。

こうしたロックの考え方は、かなりオプティミスティックで半ば神学的な「自然法」観に依拠しているので、それを信じない人にとっては、あまり説得力がないが、一度成立した政府から権力を奪い返そうとする「革命」を正当化するうえでは、それなりの意味がある。ロックは、「革命」によって倒されるのは、その都度の「政府」であって、契約によって成立した「国家」の枠組みそのものではない、という見解も示している。政府は、各人の「自由」の行使を相互調整して、衝突を回避するという役割を「信任」されているにすぎず、各人は基本的に自然状態と同様に〝自由〟なのである。

しかし、この政府に対する「信任」について逆の見方をすれば、「信任」が有効である間は、各個人の自然権としての「自由」は、政府の下でやはり一定の制約を強いられる、という見方もできる。信任によく応えているまともな政府であれば、その方針に個人の勝手で反抗することはできない、というのは〝不自由〟ではないのか、という問題だ。たとえ「まともな政府」であったとしても、その「まともな政府に従っている状態」における〝自由〟が、自然状態における「自由」に比べて制約を受けていることに疑いの余地はない。「それは、やはり〝不自由〟である」と感じてしまうアナーキーな人間――悪く言えば、天邪鬼――は、どこの社会にも必ずいる。そういう人間にとっては、政府の存在すること自体が抑圧なのである。

更に言えば、そもそもどうやって、まともな政府とそうでない政府を判定するのか、そして、そういう判定を最終的に行なう権限を持っているのは誰か、という根本的な疑問もある。ロックは、個人の生命・身体・財産を守るという使命を果たそうとしない政府を、まともでない政府だとしているが、当然のことながら、政府がちゃんと使命を果たしているか否かというのは、かなり主観的な問題である。現に今の日本には、ことあるごとに「政府は人民との約束を全然果たしていない。政府の言うことは全て嘘だ。（私たち以外の）人民は騙されている！」と叫ぶサヨクがあちこちに繁殖している。

✣サヨクでないルソー

どんなにまともな政府であろうとも、とにかく他人の作ったルールに従うのはいやだというサヨクな人々を何とか納得させる——「言い込める」と言った方がいいかもしれない——ための理屈をひねり出したのが、一八世紀のフランスの——正確に言うと、ジュネーヴ生まれで、フランスで活躍した——思想家ルソーである。

ルソーの『社会契約論』（一七六二）の第一篇第一章は、「人間は自由なものとして生まれた、しかもいたるところで鎖につながれている」というサヨクな人が喜びそうな一文で始まっている。サヨクは、この文から、「鎖を打ち破れ」というメッセージを脊髄反射的に〝受け取って〟しまう。サヨクよりは少しましな程度の知識があり、ある程度ルソーを知っている人も、彼の以前の著作『人間不平等起源論』（一七五五）のイメージから、そう連想してしまうかもしれない。

『人間不平等起源論』では、自然状態にある人間は、善／悪の観念を知らず、野生の動物のように無邪気で幸福であった――自然状態の人間を狼のように凶暴な存在として想定したホッブズとは対照的――が、何かのきっかけで私的「所有」という観念が生まれてきたことで、「不平等」が生じ、人々はお互いを比較し合い、不幸になったという論が展開されている。「自分のもの／他人のもの」を区別する自己意識が、自己の「所有」に固執する所有欲と一体不可分に結び付くようになり、それが、現代日本のサヨクが大好きな「勝ち組／負け組」の分断構造につながるということである。サヨク体質の人たちは、こうしたルソー流の不平等論を、フランス革命＋マルクス主義と関連付けながら、「『私的所有』を廃して、『不平等』のない自然状態≒共産主義社会に回帰すれば、みんなで幸せになれる！」、という思想を読み取ろうとする。

ロベスピエール（一七五八－一七九四）などのフランス革命の指導者たち、そしてマルクス（一八一八－一八八三）が、ルソーの思想、特に『人間不平等起源論』の影響を受けたことは間違いないが、ルソー自身は、「鎖を打ち破れ！」とか「自然に帰れ！」というような檄文的なメッセージを発したことはない。しかしルソーは先の一文のすぐ後で、サヨクの人々の期待を打ち砕くような——といっても、サヨクにとっては難しすぎるので、読み飛ばしてしまうことだろうが——コメントをしている。

もし、わたしが力しか、またそこから出てくる結果しか、考えに入れないとすれば、わたしは次のようにいうだろう——ある人民が服従を強いられ、また服従している間は、それもよろしい。人民がクビキをふりほどくことができ、またそれをふりほどくことが早ければ早いほど、なおよろしい。なぜなら、そのとき人民は、［支配者が］人民の自由をうばったその同じ権利によって、自分の自由を回復するのであって、人民は自由をとり戻す資格をあたえられるか、それとも人民から自由をうばう資格はもともとなかったということになるか、どちらかだから。しかし、社会秩序はすべての他の権利の基礎となる神聖な権利である。しかしながら、この権利は自然から由来するものではない。それはだから規約にもとづくものである。これらの規約がどんなものであるかを知ることが、問題なのだ。（桑原武夫・前川貞次郎訳『社会契約論』岩波文庫、一九五四、一五頁：一部改訳した）

ルソーから単純素朴なヒューマニズムを期待する読者にとっては、全体として何を言いたいのか分かりにくい文章であろう。しかし、「力 force」と「社会秩序 l'ordre sociale」という二つのキーワードに注目すると、それほど難解でもない。支配者が物理的な「力」によって、人民を支配しているというだけのことであれば、人民がそれを上回る「力」を得さえすれば、そのくびきをふりほどくことは可能であり、それで話は終わりである。「力」の大小、強弱によって支配されたり、自由になったりする〝だけ〟であれば、それは動物の群れの中で、どの個体がボスになるとか、どの種類がどの種類を餌にするとかいうのと同じレベルの話であり、黙って観察するしかない。ルソー――とか「私」――のような観念的な思想家が、その善し悪しを語っても仕方のないことである。

　思想家が、人民が置かれている状態の良し／悪しについてわざわざ口出し――現代思想風に難しく言うと「介入」――することに意味があるとすれば、そこには、単なる「力」の問題ではすまない、人間社会に固有の〝何か〟があるはずである。ルソーはそれを、人間相互の「規約（慣習）convention」に基づく「社会秩序」として捉えているわけである。動物の世界にもそれなりの自然発生的なルールらしきものはあるが、言葉によって道徳あるいは法の領域に属する抽象的な観念を作り出し、そうした人為的な概念によって――「力」による直接的な強制の有無とは独立に――自らを縛ろうとするのは、社会の中に生きる人間だけである。

ルソーは『社会契約論』においては、自然界の「力」に由来する人間の自然な関係ではなく、「社会秩序」の中での人間関係を論じようとしているのである。別の言い方をすると、『人間不平等起源論』では、自然状態における野生人の幸福としての「自由1」について論じていたのに対し、『社会契約論』では、社会状態の中で生きる文明人としての「自由2」について論じている、と言える。「自由1」が、自然界の「法則」に対応するものだとすれば、「自由2」は、人為的に制定された「法」に対応する。「自由1」と「自由2」は全く異質で、相互に翻訳不可能であるというわけではないが、野生人と、文明人では全く生き方が違うのだから、自由／不自由の基準は自ずから違ってくる。野生人にとっては、抽象的な観念である「道徳」や「法」によって、行動の自由を縛られるのは耐え難い苦痛かもしれないが、この世に生まれ落ちた瞬間から、そういう抽象観念の中で育ってきた文明人にとって、いかなる規範もないような世界では、かえって不安になり、〝不自由〟に感じるかもしれない。

ルソーの本当の専門家の間ではわりと常識になっていることだが、ルソーは、ホッブズやロック、あるいは後のマルクス主義者のように、〝本来の状態〟としての「自然状態」を基準として、あるべき理想の社会について論じるという論法は取っていない。むしろ、社会状態においては、自然状態と同じ意味で「幸福」になることはできない、という前提に立って、社会状態における別の形の〝幸福〟を志向している。引用した箇所からも読み取れるように、ルソーは「自然状態」と「社会状態」を切断して、野生人であった「過去」の夢とはっきり決別することを、文明人である我々に促しているのである。

しかし、『人間不平等起源論』での一見サヨク的とも見える主張と、『社会契約論』の秩序論的なクールな主張を、無理やり連続的に捉えようとすると、この二つの異なった位相に属する「自由」の違いを、きちんと理解できなくなってしまう。偉大な思想家だからといって、全ての著作での主張が一貫しているとは限らない――実際には、〝偉大な思想家〟ほど、言っていることをころころ変える、という気がする。(仮想の)自然状態の基準を社会状態の中に無批判的に持ち込んで、「私たちは(自然状態と比較して)抑圧されている!」と嘆く――こういうのを左翼的には「疎外論」という――のはサヨクの発想であり、ルソーはしばしばその手のサヨクの元祖のように言われるが、それはかなりベタな誤読である。

とにかくルソーの社会契約論は、自然状態での「自由1」を諦めて、社会秩序の中での「自由2」を求めるという前提に立っていることを確認しておこう。その前提の上で、「自由2」を、「契約」という視点から厳密に定義しようとしているわけである。

❖「みんな」の自由

人々が「契約」を結ぶ目的を、お互いの身体と財産を守ることとしている点では、ルソーとホッブズ、ロックの間に大差ない。違うのは、ホッブズやロックが、特にホッブズが、「契約」を結んで「安全」を得たことの〝代償〟として、人々の「自由」がある程度制約される立場を取っているのに対し、ルソーはそれでは本末転倒だと考える。ルソーにとって、社会契約は、単に各人の身体と財産を保護するだけに留まらず、最終的には、個人の「自由」を実現するものでなければならない。つまり、先の便宜的な分類に即して言えば、「自由1」をお互いに対して主張・行使する〝権利〟を諦めるのと引き替えに、これから立ち上がってくる「社会秩序」の中で安心して行動するための「自由2」を獲得できるような契約内容になっていなければ、国家あるいは社会を創設する契約を結ぶ意味はないのである。

ルソーは、「社会契約」という視点に立って国家の存在を正当化するという論法自体は保持しながら、「契約」の必然的な帰結として、各人が主権者あるいは政府に「従う者＝

臣民」になってしまうのはまずいと考える。ルソーに言わせれば、自分自身の「自由2」を誰かに与える、あるいは、信託（entrust）してしまうような契約はあり得ない。ルソーは独自の社会契約論を展開する前に、〝契約〟に基づいて自分自身を「奴隷」として主人（君主）に与えることが可能であるとするグロチウス（一五八三―一六四五）――「国際法の父」と呼ばれているグロチウスのことである――などの議論を哲学的に批判することを試みている。「自分」自身を「奴隷」として「売る」ことが果たして可能かというのは、現代でもしばしば論じられる、本気で考え出すと結構難しい問題である。ルソーの議論を、私なりに再構成すると、大体以下のようになる。

物aを所有する人物Aと、物bを所有する人物Bの間で、aとbを交換するという「契約」が成立すると言う場合、大前提として、AとBのいずれも強制されることなく、自由意志によって「合意」に達したということが必要になる。「力」で強制されたのであれば、「契約」ではない。従って、AもBも自分がやりたいことをはっきり分かっていて、判断することができる、つまり自己決定できる「自律した人格」でなければならない――本当の意味で「自己決定」できる「自律した人格」がいるのか哲学的に疑問ではあるが、これについてはもっと後の章で突っ込んで考えることにする。しかるに、「奴隷」というのはその定義からして、法的に他人の所有物であり、自分の意志を持ち、判断する能力があるとは認められていない存在である。たとえ現実に存在している奴隷に自分の意志があったとしても、それは法的にはないものと見做される。動物と同じである。

Aが B に対して、自分自身を「奴隷」として「売る」という場合、その契約が〝成立〟した瞬間に、Aの「自律した人格」が消滅し、「物」と同格になる。そうすると、Bは人間ではなく、動物に等しいものと〝契約〟したことになる。これは矛盾である。自律した人格を持たない〝もの〟との間の〝契約〟は、法的には無意味である。少しだけ具体的に言うと、Aが自分自身を「奴隷」として「売った」代価として、BからXを受け取ったとしても、A自身が既にBの所有物になっており、何の権利も認められず、いつ命を奪われてもおかしくない状態にあるので、本当の意味でXを所有することはできない。自分の飼い犬や飼い猫に与えた物を、自分の気ままですぐに取り上げることができるように、AはいつBからXを取り上げられるか分からない。そういう無意味な「契約」は、あり得ないというのがルソーの論法である。

無論、この論法に対しては、「少なくとも『奴隷』になる瞬間までは、Aは『自律した人格』であり、その『自律した人格』ではなくなることを自己決定したのだから、やはり『契約』は有効である」という反論は可能だろう。また、「社会契約を通して、『臣下』になるというのは、文字通りの意味で『奴隷』になることとは異なり、一定の『個人の自由』は残るはずだ」と指摘し、ルソーの設問の有効性自体を疑問に付すこともできるだろう。ただ、こうしたルソーの問題提起を通して、各人が結果的に自らに固有の「自由」を──たとえ部分的にであれ──失うことを含意するような「社会契約」が、本当の意味で「契約」と言えるかどうかかなり怪しいということだけは分かるだろう。ルソーはこうした理論的な根拠から、各人が当該の「契約」を結んだ後でも、少なくとも「自由２」の意味で〝自由で自律した人格〟であり続けることが保障されるような形態での「社会契約」でなければ、本来の意味での「社会契約」とは言えないという立場を取るわけである。

では、「社会契約」を結んだ全員が、特定の誰かの「奴隷」になるのではなく、「自律した人格」であり続けるというのは、どういうことだろうか？　それは、他人の意志に従うのではなく、「自分自身の意志」にのみ従って行動し、自分自身の主人であり続けることである。もう少し簡単に言うと、「自己決定することのできる主体」であるということだ。しかし、当然のことながら、「社会」の中にある我々は、周囲の他者たちと共に生きている以上、自分だけで自分に関わる全てを決定して、自分勝手に振る舞うわけにはいかない。自分勝手に振る舞ってよいというのであれば、「社会契約」を結ぶ意味がない。この「他人に支配されるのではなく、(自律した人格である)自分自身の意志のみに従うこと」と、「自己の周囲の他者との間で取り結んだ契約に拘束されること」という、一見したところ両立しそうにない二つの命題を、どうしたら両立させることができるのか？　それこそが、ルソーが取り組んだ社会契約論の、延《ひ》いては、近代政治思想の最終的な課題であると言えよう。

ルソーはこの無理な課題に対する一つの「答え」として、「私が決めたことに私が従う」という個人的な自己決定の論理を、「私たち」の自己決定の論理へと拡張することを試みている。つまり、「社会契約」に基づく国家の「統治」を、「私たち（＝みんな）が決めたことに私たちが（＝みんなで）従う」という集団的な自己決定として理解するわけである。決めている「私たち」と、従っている「私たち」が全く同じ「主体」であるとすれば、「自分で決めたことに自分で従っている」だけなので、「私たち」は自由であるということに――少なくとも理屈の上では――なる。

厳密には、単純に「私たちが決めたことに私たちが従う」ことではなくて、「私たちが決めたことに私たちが従い続ける」ことと言うべきだろう。「続ける」と付け加えておく必要があるのは、ホッブズやロックの「社会契約論」の場合でも一応、「私たち」で「決めた」こと、つまり「これ以降は、自己保存のために、みんなで主権者に従おう！」という「取り決め」に、「私たち」がみんなで従っている、と言うことができるからである。「主権者に従う」と〝決めた後〟は、「みんなで決めること」を止めてしまうというのではなくて、「みんな」が「主権者」になることによって、国家の運営に関して、「みんな」で「決め続ける」ことにするわけである。

問題は、「私の自由意志」あるいは「私の自律した人格」と同じような意味で、「私たちの自由意志」あるいは「私たちの自律した人格」とも言うべきものが実体的に存在するのか、ということである。普通に考えれば、そういう集合的な意志とか人格は、単なる比喩でしかないような気もするが、ルソーは、そういう集合的なものが実在するかのような前提で議論を進めていく。それが、いろんな教科書によく出てくる「一般意志」論である。

❖「みんな」で決めること＝自由？

ルソーの「一般意志論＝みんなで決めたことにみんなで従うこと」は、憲法や政治思想史、高校の現代社会の教科書では、近代の「国民主権論」の嚆矢として位置づけられている。「国民」が特定の誰かに主権を譲渡したり、信託したりするわけではなくて、常に主権者であり続けるべきことを明言したのが、ルソーだということになっている。

ただし、憲法学などでは、「国民主権」は、憲法の最も中核にある原理として、形式的・

抽象的に語られるだけで、それがどのような形で具体化するのかはっきりしないところがある。議会制民主主義を通して「国民主権」が実現されるという考え方もあるが、それ〝だけ〟だとすれば、選挙の時以外は、国民は「議会」に主権を信託しているのであって、自ら主権を行使しているのではないようにも思える――現代日本のサヨクは、自分たちの気に入らない法律が成立するたびに、「議会制民主主義という形を借りた、詐欺だ」と自分でもよく分かっていない台詞を叫ぶ。そもそも「国民の意志」としての〝一般意志〟が実体的に成立しているのかいないのか、普通の憲法学や政治学は、あまり突っ込んで論じない。とにかく、「一般意志」に基づいて政治が行なわれるべきである、という前提だけは学者・知識人の間で何となく共有されているのだが、それがどういうものか、分かっている人はあまりいない。

それに対して、こうした議論の元祖であるルソーは「一般意志」をかなり〝実体〟的に記述している。少し後で述べるように、ルソーが「一般意志」に実体がある（べき）と本気で思っていたか否か少なからず疑問であるが、彼は少なくとも「一般意志」が成立している理想の状態を記述することを試みている。

だから、もし社会契約から、その本質的でないものを取りのぞくと、それは次の言葉に帰着することがわかるだろう。「われわれの各々は、身体とすべての力を共同のものとして一般意志の最高の指導の下におく。そしてわれわれは各構成員を、全体の不可分の一部として、ひとまとめとして受けとるのだ。」

この結合行為は、直ちに、各契約者の特殊な自己に代って、一つの精神的で集合的な団体をつくり出す。その団体は集会における投票者と同数の構成員からなる。それは、この同じ行為から、その統一、その共同の自我、その生命およびその意志を受けとる。このように、すべての人心の結合によって形成されるこの公的な人格は、かつては都市国家という名前をもっていたが、今では共和国（République）または政治体（Corps politique）という名前をもっている。それは、受動的には、構成員から国家（État）とよばれ、能動的には主権者（Souverain）、同種のものと比べるときは国（Puissance）とよばれる。構成員についていえば、集合的には人民（Peuple）という名をもつが、個々には、主権に参加するものとしては市民（Citoyens）、国家の法律に服従するものとしては臣民（Sujets）とよばれる。（『社会契約論』、三一頁）

少しばかり込み入った言い方をしているように思えるが、要は、社会契約が成立している状態とは、国家（政治体）を構成する「われわれ」全員が、あたかも一つの人格と身体

(corps）を持つ人間であるかのように一体化している状態だということである。この集合的な「人間」の身体に相当するのが国家それ自体であり、意志に相当するのが「一般意志」である。ホッブズも、国家（コモンウェルス）を一つの巨大な身体を持つ怪物リヴァイアサンとしてイメージしたが、リヴァイアサンの意志を担っているのは、選ばれた特定の主権者だけであって、それ以外の「人民」たちは自らが作り出したリヴァイアサン（の主権者）に、「臣民」として服従しなければならない。

ルソーの場合、リヴァイアサンの「意志」に当たるものを構成しているのは、「人民」としての「私たち」自身である。「一般意志」を構成する「私たち」は、法を作る「主権者」であると同時に、作られた法に従う「臣民」でもある。つまり、ルソーの国家は「私たち」（全員）が決めることに「私たち」（一人一人）が従う、という循環的な関係によって統治されているのである。リヴァイアサンの頭脳において決定される方針に、リヴァイアサンの身体を構成する各パーツが従っているということであって、通常の支配者／被支配者の関係ではない。

無論、「脳」によって身体の他の部分が支配されているという言い方もできるが、ルソーの「一般意志」は、本物の「脳」のように、「身体＝国家」のどこか一箇所に局在しているわけではなく、身体のあらゆるパーツに宿っている。最近のＳＦによく出てくる、各自の脳がインターネット化していて、全員が一つの——どこにその記憶媒体があるか分からない——プログラムに従って、思考しているような状態をイメージした方が分かりやすいかもしれない。〝自らの意志〟であるところの「一般意志」に従って行動する「私たち」は、基本的に〝自由〟なのである。

このような説明をすると、当然のことながら、「では、そういう一般意志は、具体的にどうやって形成されてくるのか？」という疑問が出てくる。これについて、ルソーは何も語っていない。「一般意志」が形成されていないのであれば、本来の「社会契約」は成立しているとは言えない、という立場ははっきりしているが、そこに至る道筋は示していないのである。そのため、「『国家』が社会契約（＝私たち全員の合意）によって基礎付けられていると言えるには、『一般意志』が不可欠である」というルソーの見解の影響を受けてしまった人たちの間に大きな混乱が生じることになった。

「一般意志」を形式的で緩いものと考えて、議会の選挙とか住民投票、アンケートなどを通して、「みんな」の意見の平均値あるいは標準値に当たるものを出して、それを〝一般意志〟と見做せばいい、と考える人たちもいる。しかし、ルソー自身は、そうした、個別意志の総和にすぎない「全体意志」は、「一般意志」とは異なると明言している。ルソーによれば、「一般意志」はその定義からして、いかなる部分＝党派性も含まれていてはならないのである。個別的・党派的な利害や偏見を越えて、完全に〝一つの意志〟になっているからこそ、「一般意志」なのである。しかし、そこまで厳密な「一般性」を追求していくと、「一般意志」の成立はかなり無理に思えてくる。

そこで、個々人の意識・思考法を強制的に改造（洗脳）して、〝一つの意志〟へと統合してしまったら、「一般意志」になるのではないか、という倒錯した考えを持つ人も出てくる。フランス革命の指導者たちの「恐怖政治」というのは、人々を「一般意志」に同調させるべく思想教育を行ない、どうしても合わない者を非国民として排除した。ナチスとかスターリン主義のソ連などの左右の「全体主義体制」は、政府の考えに人々を無理やり同調させて、計画的に〝一般意志〟を作り出したと見ることができる。

言うまでもないことだが、そのようにして作り出された「全体主義体制」を、「みんなで決めたことにみんなで従う」という意味で、「自由」な共同体と呼ぶことにはかなり抵抗がある。全体主義体制においては、まさに映画『マトリックス』の世界がそうであるように、公認の〝一般意志〟とずれた考えを持つに至った者はすぐに共同体から排除されるか、思想改造されてしまい、自発的に〝一般意志〟と同調している人たちだけが残ることになるので、形の上では、共同体の成員の間に「一般意志」は成立し続けていることになる。しかし、それは「外」から見れば、とてつもなく〝不自由〟な世界である。「自らの自由意志で、全体主義政権に従っている人」は、そうでない人からしてみれば、決まったプログラム通りに思考するロボットであって、〝不自由な人間〟である。

全体主義の分析で有名な、ユダヤ系ドイツ人の政治哲学者ハンナ・アーレント（一九〇六－七五）は、この意味でルソーを「全体主義」の元祖扱いしている。ルソーが〝一般意志〟を作り出すよう扇動したというのである。しかしルソー自身の書いたものを読む限り、強制力を伴った措置によって「一般意志を作り出せ！」などとは、一言も言っていない。社会契約が実質的なものになるには、「一般意志が不可欠だ！」と強調しているだけである。ルソーの一般意志論を生半可に理解した人たちが全体主義的な統治体制を志向したからといって、ルソー自身の思想が「全体主義」に傾斜していると決め付ける見方は見当外れだろう——仲正の読者にウヨクが多いことをもって、「仲正はウヨクだ！」と言うのと同じようなものである。

ただし、ルソーの一般意志論がウヨク／サヨクたちに容易に誤解されてしまって、「自由」とは正反対の方向へと捩じ曲げられてしまいがちな危険な雰囲気を胎んでいるのは確かだろう。「私（たち）は自由意志で一般意志に従っているのだ！」、と自分（たち）に言い聞かせることによって体制に順応し、楽になろうとする人間は、どのような社会、どのような時代にも少なからずいる。

❖「みんなの意志」という書き込み

「一般意志」それ自体は、いずれにしても目に見えるものではない。したがって、政治的共同体を構成している各人は、自分たちの間に「一般意志」が成立しているかどうか確認しようがない。マトリックスのような脳をつなぐインターネット・システムが本当にあれば話は全然別かもしれないが、少なくとも現代まではそのような〝一般意志〟製造マシーンは発明されていない――脳内がコントロールされている人間たちに、自分たちの間で「一般意志」が成立しているか否か本当に確認することがそもそも可能なのかというのも哲学的問題として面白いが、あまりにも本題からずれるので、立ち入らないことにする。たとえ、「一般意志」を作り出せたとしても、それがどういうものか「みんな」で確認するにはどうしたらいいのかという問題がある。

ルソーは、「一般意志」が具体的な形を取って現われたものが、（社会契約によって成立した）国家の「法」であるとしている。「法」というのは、みんなで決めて、みんなで従うものである。特定の誰かが決めたことに、みんなが従わせられるのは、「法」ではなくて、「命令」である。みんなの「合意」(＝一般意志)に基づく「法」が妥当していることによって、「国家」は自らの意志を具体化することができる、というのである。

しかし、それで問題が解決したことにはならない。それ自体は目に見えない「一般意志」に〝合致〟する形で「法」の条文を「書く」には、どうしたらいいのか分からない。「みんなが納得するような手順」に従って「書き進めていく」というのが、常識的な線だろうが、その「みんなが納得するような手順」を見つけるのがまた難しいのである。「その手順を見つけるための手順を、みんなが納得するような手順に従って見つける」、と言い出すと、みんなの納得するための手順をみんなが納得するような手順で見つけるための手順をみんなが納得するような手順で見つけるための手順をみんなが納得するような……と延々と無限に続いていくことになる。数人の仲間内の話であれば、適当なところで打ち切ってもいいかもしれないが、国家という大きな集合体で、みんなが納得できる基準を追求していたら、きりがない。

法は、本来、社会的結合の諸条件以外の何ものでもない。法にしたがう人民が、その作り手でなければならない。社会の諸条件を規定することは、結合する人々だけに属することである。だが、彼らは、これらを、どういうふうに規定するのだろうか?

それは、突然のインスピレイションによる全員一致によるのだろうか？　政治体は、その意志を表明するための機関をもつのだろうか？　誰が、そうした法令を作成し、あらかじめ公けにするために必要な先見の明を、政治体にあたえるのだろうか？　また、政治体は、どういうふうに、必要な瞬間にその法令を発表するのだろうか？　目のみえぬ大衆は、何が自分たちのためになるのかを知ることがまれだから、自分が欲することを知らないことがよくある、そうした大衆が、どういうふうに、立法組織というような、あのように困難な大事業を、自ら実行しうるのだろうか？　人民は、ほっておいても、つねに幸福を欲する。しかし、ほっておいても、人民は、つねに幸福がわかるとはかぎらない。（『社会契約論』、六〇頁）

ここでルソーが指摘するように、どうやったら「みんなの意志」を反映した「法」をうまく「書く」ことができるのかという〝以前〟の問題として、私たちの圧倒的多数は、自分が何を求めているのか自分でよく分かっていない。別の言い方をすれば、私たちは「何が私（たち）の自由なのか」よく分かっていないのである。自分たちの求めるものを分かっていない集団の中から、〝一般意志〟を抽出して、文章化するというのは、本当に雲を摑むような話である。

でも、見方を変えると、誰も自分が求めているものが分かっていないのであれば、誰か賢い者が、「これがあなたたちの求めているものだろう！」と示してやりさえすれば、「みんな」が〝自発的〟について来て、そこで〝一般意志〟が生まれるかもしれない。つまり、自分の求めるものをはっきり自覚するように「啓蒙」してやるわけである。

しかし、そうした「啓蒙」の効能を安易に認めると、ずる賢い指導者が自分の都合の良いように、〝法＝一般意志〟の草案を書いてしまって、無知蒙昧な大衆に対して、「こうやることが、みんなにとっての幸福につながる。私を信じろ！」と主張し、かなり強引に――自分で考えるヒマを与えないまま――表面的にその気にさせてしまい、それがそのまま通用してしまう、というような事態が起こりうる。サヨクに言われるまでもなく、これは日本の政権与党がいつもやっていることである。

サヨク連中が間違っているのは、自民党が勝手な草案を書くのを止めて、大衆に十分な時間を与えさえすれば、〝真の一般意志＝法〟が自然と湧き上がってくるかのごとき幻想を抱いていることである。サヨクは、自民党がいなくなったら、自分たちが〝真の一般意志〟の起草者になればいいと思っているのかもしれないが、サヨクが書こうとウヨクが書こうと、特定の者たちの利害を如実に反映した〝一般意志〟という矛盾したものができあがってしまう、という事態に変わりはない。

では、誰が「法＝一般意志」を書いたらいいのか？　原理的に考えれば、その国家の運営について個人的な利害関係を持たない者、つまり「一般意志＝法」の中に部分＝党派性を持ち込む恐れのない者でなければならない、ということになる。だとしたら、その国家とは縁もゆかりもない外人をつれてきたらいい、ということになりそうだが、本当に縁もゆかりもない外人だったら、その国の事情を全く知らないので、人民・大衆にとって最善の「法」を起草できるとは思えない。しかし、その国の事情にかなり通じている外人であったら、その国に対して特別な利害関係にある可能性が高いので、ニュートラルであるとは言い難い。現在の日本国憲法を起草した外人たちが、日本と何の利害関係もない人たちだったとは、サヨクもウヨクも思わないだろう。そういうことを考えていると、生身の人間に適任者を見つけるのは、やはり無理ということになりそうだ。

もろもろの国民に適する、社会についての最上の規則を見つけるためには、すぐれた知性が必要である。その知性は、人間のすべての情熱をよく知っていて、しかもそのいずれにも動かされず、われわれの性質を知りぬいていながら、それと何らのつながりをもたず、みずからの幸福がわれわれから独立したものでありながら、それにもかかわらずわれわれの幸福のために喜んで心をくだき、最後に、時代の進歩のかなたに光栄を用意しながらも、一つの世紀において働き、後の世紀において楽しむことのできる、そういう知性でなければなるまい。人々に法を与えるには、神々が必要であろう。（『社会契約論』、六一頁以下）

「神々が必要であろう」というのは、本当に身も蓋もない話である。結局、最適任の立法者を地上で探しても無理だということである。〝神に近い存在〟として、近い内に地上を去りそうな老人に任せたらいいと言う人もいるかもしれないが、本当に死にかけの老人だったら、判断力がかなり弱っていそうだし、後世における己の名声を気にして、歪んだ判断をしてしまう恐れもある。結局、本当の「神」でないとどうにもならない。

ルソーの「社会契約」論は、社会の中での「自由」を厳密に追求しすぎると、袋小路に入ってしまって、かえって〝不自由〟になっていくという逆説をよく示しているように思われる。

第4章
「法」と「自由」

✣国家が保障する「自由」

ホッブズからロックを経てルソーへと繋がっていく社会契約論の系譜は、ルソーの少し後、一九世紀に入る前後から、あまり流行らなくなる。そうなった歴史的背景として、①教会と分離した世俗の中央集権的な「国家」の存在が次第に既成事実化し、「国家」の存在自体をわざわざ理論的に正当化する必要があまりなくなった、②市民革命の影響で、統治に対する臣民＝市民の「合意」を取りつけることの重要性が次第に増していき、「社会契約」的な考え方が当たり前になった——といったことが考えられる。「国家」の側が、国民の合意を取り付けるために、人身の自由、移動の自由、職業選択の自由、言論の自由などをかなり認めるようになり、臣民＝市民の側も、「国家」の枠内での「安全」と「自由」のバランスに徐々に慣れてきたので、ホッブズやルソーのような極端に原理主義的な議論はいらなくなったわけである。

一九世紀になって、フランス革命とナポレオン戦争の影響で、ナショナリズムが生まれ、言語と歴史を共有する「国民 nation」——「国家」の構成員という意味での「国民」

は、英語では〈people（人民）〉である――ごとに一つの「国家」を形成すべきであるという「国民国家」の思想が広まってきたことも、「国家」の存在意義についての合意形成に大きく貢献した。中世においては、戦争は国王や領主の間でなされるものであり、領民たちにとっては、どのような言葉を話す何人が主人になろうと、あまり関係のない話であった。一般の領民たちは国家の構成員ではなかったのである。それに対して、近代の「国民国家」思想では、「国家」とは国王や貴族だけのものではなく、「国民」という文化共同体に属するあらゆる人々のものと考えられるようになった。逆に言うと、「国民」に属さない者によって支配されるのは、不自然で不自由な状態であるということになる。

「国民」全てが誰からも命令されることなく、自発的・主体的に「私たちの国家」を支え、敵から防衛しようとする意識が生じてくれれば、そこには〝一般意志〟的なもの、つまり、「自分たちの国を自分たちで治めようとする」とする集団的な意志が形成されている、と見ることもできる。「社会契約」論と、「国民国家」論は、政治哲学的には別個の原理であり、政治思想の教科書的なものではそのように説明されることが多いが、一八世紀後半から一九世紀にかけての現実の西欧の歴史ではかなり重なっていたのである。同じ「国民」からなる「国家」であれば、ルソー的に純粋な意味での「一般意志」は無理だとしても、「国民全体にとっての利益とは何か？」に関して、特に言語・文化政策に関して、広範な合意が形成されやすいのは確かである。

一つの「国民」が何十もの領邦国家に分裂した状態にあったドイツでは、統一国家を形成するための運動を起こしたナショナリストたちが、同時に封建的な領主の支配からの解放を求めるリベラリストでもあった――このあたりの話については、拙著『日本とドイツ 二つの全体主義』(光文社新書)で少し解説した。現代では、(特定の価値観から自由な政治体制を構築しようとする)「リベラリスト」であると同時に(「国民」という文化共同体を価値の中心に据えようとする)「ナショナリスト」でもあるというのは矛盾した話と思われがちであり、「リベラル・ナショナリズム」は特殊な政治的立場であるとされている――「リベラル・ナショナリズム」の解説書として、ヤエル・タミール『リベラルなナショナリズムとは』(夏目書房、二〇〇六)参照――が、「国民国家」が〝自然な状態〟と思われていた一九世紀のヨーロッパでは、別に不思議なことではなかったのである。

そのようにして形成された一九世紀的な準・国民国家――現実には、「国民」と「国家」が一〇〇%に一致していた国は、現在に至るまで存在しない――では、為政者たちは国力の増強に「国民」を動員するため、福祉制度・公衆衛生・治安などを整備するようになる。統治される人々は(同じ「国民」によって制定された)国家の法・政治体系によって保護された状態で生きていくことに慣れるようになる。いちど慣れてしまうと、それが国民にとっての「自由」になっていく。非常に分かりやすい例を出すと、銃刀法による規制の下で生きることに慣れた圧倒的多数の日本国民は、「銃を所持し我が身を守るために使える自由」よりも、「銃の脅威を感じることなく通りを歩ける自由」の方を好み、我々にとってはそれが〝自然〟になっている。

ドイツ統一（一八七一）に向けてのプロセスで中心的な役割を果たすことになるプロイセンの首都にあるベルリン大学の教授を務め、プロイセンの国家理念を擁護したとされる哲学者ヘーゲル（一七七〇―一八三一）は、法哲学講義（一八二四／二五）の中で、国家の法と、個人の自由の関係について、以下のように述べている。

国家は具体的な自由の実現体である。ところで、具体的な自由とはなにかといえば、個の人格とその特殊な利益が完全に開花し、その正当性がそれとして（家族と市民社会という組織のなかで）承認されるとともに、個人がみずから進んで共同の利益とかかわり、知と意志にもとづいて、共同の利益こそがおのれの土台をなす精神だと認め、共同の利益を最終目的として活動することにある。したがって、具体的自由を実現した国家にあっては、特殊な利益や知や意志をぬきにして共同の利益だけが強調されることも、実現されることもないし、個人が特殊な利益や知や意志のみに執着する私人として生活し、共同の利益を追求する意志ももたなければ、この目的にかなう現実ももたない、といったこともありえないのである。（長谷川宏訳『ヘーゲル法哲学講義』作品社、二〇〇〇、五〇二頁）

共同体的な利益の追求と、個人の特殊利益の追求が、「自由の実現体＝国家」において調和するというヘーゲルの議論は、プロのドイツ哲学・思想研究者の間では非常に難解で深いということになっているが、哲学・思想的な背景知識抜きにして、端的な「現状認識」として理解しようとすれば、さほど難しい話ではない。先に述べたようなことを、概念的に正確に表現しているだけである。つまり、国家という大枠があって、その中で国家を構成する国民共同体全体にとってのあるべき方向性が示され、法体系が整備されていることによって、個人は安心して「自由」に活動できるようになる、ということだ。

商取引に即して考えてみよう。近代の法治国家においては、取引のための通貨を個人が勝手に発行することができず、国家が通貨を独占的に管理することになっており、これは自分の好きな通貨を発行したいと思っている人間にとっては〝不自由〟であろう。しかも、ほとんどの国家は様々な手段によって、通貨価値をコントロールする政策を取っており、そのためにかなりのコストをかけ、間接的・直接的に国民の負担を強いている。しかし、多くの人にとっては、自分の持っている貨幣の価値が無秩序に変動したら、どうしようもなく不安になってしまうので、貨幣のアナーキー状態になるよりは、国家が管理してくれていた方が、安心して〝自由〟に商売できて、心地よいはずである。

民法や商法を中心とする経済関係の法律によって、個人間の取引のあり方に制限がかかっていることは、〝不自由〟といえば〝不自由〟であるが、自分の財産や権利、相手との約束の効力などが、国家の法によって何らかの形で保障されていなかったら、「私は現在、どれくらいの富を持っているのか?」さえ分からなくなり、不安で身動きがとれなくなる。本当に市場だけで、国家の法が一切なかったら、日本のサヨクの大好きな「勝ち組／負け組」の格差も意味がなくなる。「法」がなかったら、自分のモノ／他人のモノという区別がはっきりしなくなり、ホッブズの戦争状態に近くなるからである。

「国家」と「自由」を強く結び付けているヘーゲルの議論の立て方には、市民社会が成熟して「下」からの近代化が本格化する〝前〟に、「国家」による「上」からの近代化が推進されたドイツ諸邦の実情が反映されているということがよく言われるが、近代化の過程の中で、「(国家の)法の下での自由」が次第に〝自然化〟していったのは、大筋において、西欧諸国共通の傾向であると言ってもよいだろう。「市民」たちが、自分の生活する「(国民)国家」に組み込まれた「法」体系の中で〝自由〟に活動できる(と感じる)ようになると、自由主義の関心は、どのような領域において、どの程度まで「個人の自由」を認めるのかという個別具体的な問題にシフトしていく。

✣経済活動の自由

ここまで述べてきたように、市民革命、あるいはそれに準ずるような政治的な変革を経た近代的な（国民）国家においては、信教の自由、言論活動の自由などの「精神活動の自由」は、基本的な人権として尊重され、憲法などの法体系によって保護されるようになったが、市民革命のもう一つの目標であった「経済活動の自由」については必ずしもそうとは言えない。

居住の自由や職業選択の自由、個人間の契約の自由などの一番基本的なものは認められても、市場を中心とした本格的な商業活動、大きな資本を要する工業生産、外国との貿易などについては、種々の法的規制や参入障壁が国家の方針で新たに設けられることもしばしばあった。同じ業種にあまりにも多くの人が参入し、過当競争状態になれば、安値競争などでみんな共倒れになる危険が高まるし、粗悪品が出回って、その業界全体の信用が失われることも考えられるので、国家が市場に介入して、ある程度事前調整しようとするわけである。こうした国内産業保護のための規制は、それによって利益を受ける市民も多いので、国家と市民の全面対決の焦点にはなりにくい。

更に言えば、国家の運営は主として国民から徴収する租税によって支えられているので、国家の存在自体が国民の経済活動の自由を制限しているとさえ言える。国家が国防、治安、公共事業、福祉、教育などに力を入れると、予算が膨れ上がっていき、その分だけ国民が〝自由に〟処分できる財産が減っていく。特に、公共事業は、国家が一般の私企業になり代わって経済活動を行なうことを意味しているし、福祉は金持ちから取った税金を貧乏人に回す形で富を「再配分」する機能を担っていると見ることができる。こうした国の経済・財政政策は、直接的には、国民の経済活動の自由の余地を制限することになるが、長期的には、国全体の富を増すことによって、経済活動の自由の余地を拡大することに寄与していると見ることもできる。

経済・産業構造がかなり複雑化した近代国家における「経済活動の自由」をめぐる議論では、不可避的に、近代化以前とは異なる要因が浮上してくる。「効率性」という要因である。比較的単純な経済・産業構造の時代には、権力を握っている支配者・特権階級からの市民たちの自立の一環として、経済活動の自由を要求しているという意味合いが強かった。自由に職業を選択し、営業できるようになることは、（奴隷ではなく）一人前の人格として認められることを意味していたわけである。大げさな言い方をすれば、人間の尊厳の問題として、自分の生き方を自分の自由で決める権利――現代的に言えば、自己決定権――を要求していたわけである。しかし経済・産業構造が次第に複雑になってくると、各人は、どのように立ち回るのが自分にとって本当に得になるのか分からなくなる。そこで、出来ることなら、経済のことをよく分かっているプロが、私の代わりに私がこれからやるべきことを決めてほしい、少なくともアドバイスし導いてほしいと考えるようになる。

日本では九〇年代の終わり頃、不良債権を抱えて経営破綻した銀行のペイオフの可能性が取り沙汰されていた際に、「一般の預金者も銀行の経営・財務状況をよく把握しておかねばならない。そのために、銀行は基本的な情報を開示すべきだ」ということがマスコミなどでまことしやかに語られていたが、銀行の経営・財務に関する情報を見せられて、銀行の状況を理解できるような〝一般預金者〟などほとんどいない。こうした極めて専門的な知識を要する重要問題に関して、一般ピープルが〝自分のことを自分で決めることのできる自由〟を頑強に主張してもあまり意味がない。私たちの多くは、現実的な「効率性」を優先し、自分の「自由に経済活動する権利」のかなりの部分を、政府とか地方公共団体とか銀行などに――意識的あるいは無意識的に――委ねている。

高度に専門的な難しい問題については、〝誰かプロの人〟に任せてしまった方が、安心して他の自分の経験知で何とか判断することのできる活動に専念できるので、政府が「私」たちの「自由に経済活動する権利」の一部を〝代行〟していることを歓迎もしくは容認している人は少なくない。公権力が、国民の基本的な権利の一部を——専門的な知識・経験がなくて適切な判断がしにくい——当人の利益のために「代行」してやるべきだという考え方を、一般的にパターナリズム（父権的干渉主義）という。各人に、自分の意志に従って自由に振舞う「権利」があることは認める一方で、その権利を行使する能力は当人にはまだないと見なし、そういう能力を身に付けるまでの間〝保護下〟に置こうとする、（父）親のごとき態度を取るわけである。

公権力によるパターナリズム的な介入というのは、治安、防災、公衆衛生、教育、医療など、現代社会のほぼすべての領域に及ぶが、特に「経済」は様々な問題と絡んでおり、個人が判断せざるを得ない局面も少なくないので、〝代行〟すること自体の是非、あるいはその方法をめぐって、思想的な対立が起こりやすい。医療契約だと、いくらインフォームド・コンセントが重視されるようになったといっても、肝心のところはパターナリズムでいかざるを得ないが、一般的な商取引では、どこまでを当事者の全面的な自由に委ね、どこからを公権力のパターナリスティックな監視下に置くべきか、いろいろな角度からの評価が可能である（ような気がする）ので、人々の意見が分かれやすい。

現代における経済的な意味での「自由主義」は、そうしたパターナリスティックな介入を排除して、個人あるいは個別企業の自由に委ねてしまう方が〝いい〟と強く主張する立場だと見なしていいが、〝いい〟ということには、大きく分けて二つの意味がある。「自分自身の自由意志で決め、その帰結に対しては自分で責任を負う」のが人間の本来の在り方なので、人間本性論的な見地から見て〝いい〟という意味と、当人たちの自由に任せた方が、個人にとっても全体にとってもうまくいくはずだという効率論的な見地からの〝いい〟という意味の二通りである。

この二つの〝いい〟は、相互に全く繋がりがないわけではない。「当人たちの自由に任せた方が、全体としての経済的効率がいい」と主張する人たちは、恐らく、どこかで、それがうまく行くのは、「人間の本性に合っているからだ」と思っていることだろう。逆に、「自由に振る舞うことこそ、人間の本性に合っている」と主張する人たちも、〝市場経済の成功〟――「何をもって市場経済の成功」と見なすかは難しい問題なので、深入りしないことにする――などを目の当たりにしている内に、これこそが人間の本性に合ったやり方に違いないと思うようになったのかもしれない。実際、この二つの〝いい〟を同時に主張している〝自由主義者〟は多い。

しかし、この二つは基本的に異なったレベルの問題であるので、そのことを「自由主義」あるいは「新自由主義」をめぐる議論に参加している人たちがはっきり自覚していないと、話が混線してきて、不毛なことになる。人間本性論的な立場から「自由」の重要性を主張したいのであれば、必ずしも、自由の効率性にわざわざ言及しなくてもいいはずだが、自らの議論を〝補強〟しようとして、効率性のことまで言い出すと、「何事も自分の自由意志で判断するのが人間の本性に適っているので、自由競争は良い帰結を生み出すはずである」というような妙に楽観的な宗教のような話になりがちである。効率性の立場から「自由」を擁護する人が、それを人間本性論にまで拡張した場合も同じことである。「自由主義」に反対する議論を展開する場合も、効率性の視点から批判していたはずなのに、ことのついでに、「人間本性にも合わない」などと言い出すと、〝自由主義〟を殊更に悪魔視するサヨクな議論になってしまう。

いずれにしても「倫理（正義）と効率性は別次元の問題だ」、という極めて当たり前のことが、経済的な「自由主義」をめぐる論争では、容易に忘れ去られてしまう。無論、「効率性を最重視すべきである」というのも一種の倫理的な立場ではあるが、それは、自由／平等、自由／公共性……などという形で、どちらを社会的正義の原理（倫理）としてより優先すべきかと論争している倫理学者や政治思想家たちが通常念頭においている〝倫理〟とはかなり異質なものだろう。

❖「自由」の効率性

経済的な意味での「自由主義」の元祖とされるのは、英国の経済学者・法学者アダム・スミス（一七二三－九〇）である。彼の主著『国富論（諸国民の富）』（一七七六）は、自由主義の古典として——全然読んだことがない人にも——有名である。この本で、これまた有名な「（神の）見えざる手」論が展開されている。自らの利益（だけ）を最大限化しようとして互いに競争し合う諸個人の努力は、総体として見た場合、「見えざる手」に導かれるかのように、社会全体の労働生産性を向上させ、国の富を増進させることにつながる。各人の利潤追求を、国策として「規制」したりしないで、「自由」にやらせた方が「国のため」になるというのである。

商業についてのどのような規制も、社会の勤労の量をその社会の資本が維持できる以上に増加させることはできない。そうした規制は勤労の一部を、規制がなければ向かわなかったかもしれない方向に、ふりむけることができるだけである。そしてこの人為的な方向が、勤労が自然に向かっただろう方向よりも、有利になるかどうかは、けっしてたしかではないのである。／どの個人も、自分の自由になる資本がどれほどであろうと、そのためのもっとも有利な仕事を見いだそうと、たえずつとめている。彼の眼中にあるのは、まさに彼自身の利益であって、その社会の利益ではない。しかし彼自身の利益の追求が自然に、あるいはむしろ必然的に、その社会にとってもっとも有利であるような仕事を彼に選ばせるのである。（水田洋監訳・杉田忠平訳『国富論2』岩波文庫、二〇〇〇、二九九頁以下）

スミスは、この［個人の自由→生産性の向上→当該社会の富の増大］という図式に基づいて、保護貿易主義を取らず、自由貿易にすべきだと政策提言している。それが、『国富論』のメインテーマである。国家Aが保護主義を取るのは、自国の特定の産業部門Pが、他国のそれと比べて、生産性が低くて、まともに競争したら負けてしまう恐れがあるからである。自国のPが滅びてしまわないよう、Aは他国から、Pと同じ部門の商品が貿易によって入ることを禁止したり、規制したりするわけである。しかし、Pをそうした過保護な状態に置き続けると、Pに従事する人たちは、自分たちの労働生産性を上げようと十分に努力しなくなる可能性がある。そうすると、余計にPの対外競争力が弱まってしまうかもしれない。しかも、Pと取引関係にある国内の他の産業部門Q、R、S、T……なども、Pから割高で質も悪い商品を買わされることになるので、Pに引きずられて労働生産性が低下していく恐れがある。

スミスに言わせれば、企業は基本的に、リスクが大きい貿易よりは、互いによく事情が分かった相手との間の取引の方を好むはずなので、内外の労働生産性によほど大きな開きがない限り、国内取引が貿易に押されてどんどん衰退していくということは起こらない。国家が、保護貿易という形で国内企業に愛国的な振る舞いを押し付けなくても、各企業の自由な創意工夫に任せておけば、企業同士が相互に役割分担しながら、信頼関係を構築し、互恵的な形で、国全体の富を増すようになる。長期的に見れば、保護貿易や規制は、そうした全体としての〝自然な発展〟を妨げることになる。

国外の勤労よりは国内の勤労を支えることを選ぶことによって、彼はただ彼自身の安全だけを意図しているのであり、またその勤労を、その生産物が最大の価値をもつようなしかたで方向づけることによって、彼はただ彼自身の儲けだけを意図しているのである。そして彼はこのばあいにも、他の多くのばあいと同様に、みえない手に導かれて、彼の意図のなかにまったくなかった目的を推進するようになるのである。またそれが彼の意図のなかにまったくなかったということは、かならずしもつねに社会にとってそれだけ悪いわけではない。自分自身の利益を追求することによって、彼はしばしば、実際に社会の利益を推進しようとするばあいよりも効果的に、それを推進する。（『国富論2』、三〇三頁以下）

ここからはっきり読み取れるように、スミスが経済的な「自由」を尊重するのは、「自由」が、倫理・道徳の絶対的原理であるからではない。彼はむしろ、「自由」に「自分自身の利益（だけ）を追求する」という極めて自己中心的な態度が、生産効率を上昇させ、社会の富を増大させることに繋がるとして奨励している。「見えない手」の〝調整〟によって、自己チューな人間の行為の〝総和〟が「みんな」のためになるのだから、社会的正義についていちいち考える必要はない。むしろ、「公共の利益のために仕事をする」と気取っているような人は、あまり社会の役に立たないことが多い。

このように、自己チューな人間の自己チューであるがゆえの勤勉さを利用して、社会全体の富を増大させようとする議論は、オランダに生まれて英国で活躍した著述家マンデヴィル（一六七〇－一七三三）の「私悪は公益」であるというテーゼを、社会的分業論と自由貿易論によって「経済学」的に裏付け、洗練したものと見ることができる。マンデヴィルが『蜂の寓話』（一七一四、二三）で［私悪＝公益］論を展開した当時は、単なる〝悪徳の勧め〟として非難されたが、スミスが『国富論』を著した一八世紀後半になると、個人の利己心をうまく利用して、経済成長を図る自由主義の方が、中途半端な公共の道徳論よりも、公共の利益を増進することになるという見方が、経験的に受け入れやすくなったと考えられる。世界史の教科書に書いてあるように、一八世紀後半から紡績業を中心とした産業革命が始まっており、マンデヴィル＝スミス的な議論が現実によって実証されつつあったわけである。

無論、そうした議論に対しては、経済的な効率性だけでやっていくと、人間関係が殺伐としてくるのではないか、というおなじみの批判は昔からあったわけであるが、スミスは『国富論』の十七年前に書いた『道徳感情論』（一七五九）で、相互の自由意志によって成立した契約を遵守することを旨とする市民社会的な正義（＝交換的正義）が、道徳感情の基盤になり得るという現代でも通用しそうな議論を展開している。つまり、市民社会における様々な交換に参加している諸個人が、契約相手との信用関係を守っていくことを慣習として身に付け、内面化していく内に、それが次第に、個々の商売という枠を超えた、社会一般の道徳規範へと昇華していくというのである。

しかも、取引に際して、いろいろな立場の人間と関わりを持ち、自分自身もいろいろな立場を経験する内に、「現在の私」とは異なった立場の相手に立場に――仮想的に――立って、物事を考えることのできる「共感 sympathy」の能力も上昇していく。「こういう立場の人は、これくらい辛いのではないか」と想像し、そうした辛い立場の「他者」のために何かしてやろうという「道徳感情」が育ってくる。社会学者の宮台真司（一九五九－）などが、リベラリズム的な正義論の大原則であるとしている立場の「入れ替え可能性」あるいは「互換性」の原理と呼んでいるもののもとは、アダム・スミスにある。

スミスの同時代であるカントも、『世界公民的見地から見た普遍史の構想』（一七八四）という短い論文の中で、自分の利益追求にしか関心のない自己チューの人間であればあるほど、自分の利益を損なわないように、他人との付き合いに気をつけ、社会的ルールを守ろうとするので、結果的に、社会的秩序の形成に寄与することになる、という論を展開している。これを、「非社交的社交性 ungesellige Geselligkeit」という。

自己チューな人間を放っておいて、「自由」にさせておいた方が、（「見えざる手」の調整によって）社会の富の増大につながるし、それがまた回り回って、社会的な道徳・倫理感覚の向上にもつながるだろう、というプラグマティックな考え方が、一八世紀後半に生まれた経済的な「自由主義」の出発点である――言うまでもないことだが、古典的な自由主義は、努力して自己の利益を最大限化しようという〝意欲〟自体が希薄だとされる現代日本の〝ニート〟のような存在は想定していない。

❖「自由」の非効率性

アダム・スミスを始祖とする「自由主義」は、経済活動の自由を守ることが、いろいろな意味で「効率的」であると考え、経済的な利害が〝自然と〟調整される場である「市場」に国家が介入することに反対してきた。国民からの税金によって賄われる国家の活動は、治安、教育、公共設備の建設など、必要最小限のものに限定されるべきである、ということになる。スミスは、「見えざる手」が働く「市場」のメカニズムについて、それほど厳密な法則を発見したわけではなかったが、リカルド（一七七二－一八二三）などによって次第に精緻化され、古典派の経済学へと発展していった。

しかし、先に述べたように経済・社会関係が次第に複雑化し、資本家／労働者の対立関係に象徴される階層構造が固定化してくると、市場の「見えざる手」に任せるという基本的な考え方を維持することが難しくなってくる。バブル経済崩壊以降、日本の経済系のジャーナリズムでも散々言われてきたことだが、市場での競争に本格的に参入するには、何らかの（普通の人にはない）「技能」が必要だし、「資本」も必要である。技能はそう簡単に身に付けられないし、資本もそう簡単に貯まらない。経済が高度に発展していればいるほど、そのハードルは上がっていく傾向がある。

市場での競争に敗れた者が、新たな領域での競争にチャレンジするには、時間をかけて技能や資本を蓄積する必要があるが、蓄えがなかったら、それまで生きていくことができない。生きて行くために、〝技能があまりいらないけれど、低賃金であまり将来の展望がない仕事〟に従事せざるを得ないこともある。再チャレンジは容易ではないのである。再チャレンジの可能性が低くなっていくこと自体が、大きな「社会問題」であるが、そういう人の数があまりにも多くなると、消費が低迷するし、高度の技能を持った企業家・労働者が少なくなって、国全体の生産性も悪くなっていく恐れがある。そういう悪いサイクルが本格化して、なかなか抜け出せなくなった状態が、「不況」である。「不況」に入ると、「市場」の「見えざる手」が十分に威力を発揮して、生産性が再び向上するのを待っていられなくなる。

そこで古典的な自由主義の発想から転換して、政府のパターナリズム的な介入・調整が必要であるとする立場の経済思想・経済学が出てくる。その代表が、ケインズ（一八八二

－一九四六）である。日本の〝ケインズ主義者〟には、やたらと反政府的で、市場原理主義を批判したがるサヨクな人が多いので、あまり経済学を知らない者は、ケインズ自身もサヨク的な動機から自由主義を修正しようとしたのではないかという印象を持ってしまいがちだが、そうではない。ケインズの著作を読む限り、自由競争の場としての「市場」を、悪の巣窟だと思っていたわけではないようだ。

ケインズはむしろ「市場」を危機から守り、正常に機能させるには、政府が時として金融政策などで、通貨供給量をコントロールしたり、公共投資によって需要を作り出すことが必要だという立場を取る。彼は、他の自由主義者たちと同様に、市場を中心とした「自由な経済活動」の効用は十分に認めるが、それが万能だとは考えず、〝自由〟を守るための「外」からの介入を正当化する。当然、危機を克服できれば、基本的に「市場」に任せる政策に回帰することになる。そうした「自由」擁護的な面に着目して、ケインズ的な立場を「新自由主義」と呼ぶこともある——現在、サヨクの人たちが罵倒している「新自由主義」とは全く逆の意味での「新」である。

言うまでもないことだが、第二次大戦後、ほとんどの資本主義国は、多かれ少なかれ、ケインズ主義的な介入によって、「市場」の秩序を維持する政策を取るようになった。小泉内閣や安倍内閣がいくら〝新自由主義〟あるいは〝市場原理主義〟的だといっても、金融政策や財政政策によって「市場」をコントロールするという努力を放棄したわけではないし、市場に全てを任せればいい、などと楽観的な態度を取っていたわけでもない。一切介入しないで、純粋な「自由放任主義」に徹することなど不可能である——税金によって成り立つ国家・政府が現実に存在している以上、純粋な「自由放任主義」というのは理論的にありえない話である。

ただし、現実の「政府」によるコントロールが本当に効率的であるのかについては、古典派・新古典派の立場を取るのであれ、ケインズ主義の立場を取るのであれ、常に疑問がある。当たり前のことだが、政府を動かしている政治家や役人、あるいは、彼らに助言しているエコノミストも、基本的に普通の人間であり、企業経営や取引に実際に関わった経験もあまりない。彼らが「経済」全体を見通して、最も適切な介入をできるという保障はない。というよりは、生半可な知識に基づく判断で、事態を余計悪くするのではないかという懸念はつきまとう。余計悪くするよりは、あるのかないのか分からない「見えない手」に〝任せて〟おいた方がまだまし、という見方もできる。

そういう意味で、規制緩和して各アクター（行為主体）の自由度を増すのと、規制を強めて正常化させるのと、どちらがいいかというのは、必ずしもイデオロギーとか社会正義の問題ではない。むしろどちらが効率的か、プラグマティックに考えた方がいいこと〝も〟

ある——治安や環境、福祉など、生命に直接関わる問題の場合は、効率だけで考えるわけにはいかないが。それが分からないで、全て思想の問題に根があると思い込んでいるサヨク／ウヨクのせいで、日本のロンダンでは〝自由主義〟をめぐる無意味な論争がしょっちゅう起こっている。

✣左翼的な「自由」批判

ケインズ主義が、市場での自由主義競争を守るための介入を——主として「効率」という面から——正当化する立場だとすれば、自由競争という発想自体が「人間本性」に反するので倫理的に良くないと主張するのが、マルクス主義である。「マルクス主義」自体は流行らなくなっているが、自由主義あるいは新自由主義のことを、弱者を苦しめるイデオロギーだと決め付けるサヨクの人たちは、マルクスの亡霊に取り憑かれた人たちである——政府や権力者が〝新自由主義〟というイデオロギーに基づいて意図・思想的に弱者を抑圧していると即断してしまうのは、自分たち自身がイデオロギーに基づいてハン・ケンリョクをやっているからである。

周知のように、マルクスにとって、「人間」という種族の「類的本質」は、「労働」である。その場合の「労働」とは、自分の「身体」を使って、自然界に働きかけ、人間の社会生活にとって有用な——使用価値のある——「物」を新たに作り出す営みである。「労働」を通して、我々は人間らしく、生き生きとした生き方をすることができる。したがって、投下した「労働」の量によって、商品の価値（価格）が決まってくるのは当然なのである（＝労働価値説）。

労働価値説という考え方はもともとアダム・スミスが『国富論』で定式化したものであり、別にマルクスの専売特許ではない。「労働価値説」は、古典的な自由主義とマルクス主義の共通の前提だとも言える。違うのは、自由主義では、「労働」とは何かを哲学的に定義せず、「物」の物理的な製造工程にタッチしない経営者や管理者などの営み、更には金融取引やサービス業なども、〝労働〟に含まれる余地を残している。極端に言えば、「商品」として価格のついているものには、その価格に相応の「労働」が投入されていると見なして、つじつまを合わせてもいいわけである。

それに対して、マルクス主義の場合、巨大な工場での製造工程に代表されるような、自分の身体を使って機械装置と取り組み、物質的な実体性を有する製品を作り出す営みが「労働」である。つまり、「体をはる」ことがポイントなのである。そのように、一九世紀の資本主義を基準にして「労働」をかなり狭く定義しているせいで、本来の意味での「労働」に携わっていながら、低い賃金でぎりぎりの生活をせざるを得ないプロレタリアート（労働者階級）と、自分で「労働」しないにもかかわらず、「資本」を通じて大きな富を得ているブルジョワジー（資本家階級）の間の対立構造が鮮明になる。マルクス主義者は、「労働」していないブルジョワジーが「労働」しているプロレタリアートを搾取しているのは、人間の類的本質に反しており、非倫理的だと見做して、ブルジョワジーを糾弾しているのである。

マルクス主義は、そうした労働中心主義的な倫理に基づきながら、独自の経済・歴史理論も展開する。資本主義経済は、労働者たちからの搾取によって利潤を生み出し、自己増殖しているので、どこかでもうこれ以上搾取できないという限界点に達し、自滅していくことになる。その自滅の後に、プロレタリアートを中心にして、生産手段を公有化する社会主義的生産体制が形成され、最終的に、一切の搾取や階級対立がなく、みんなが必要に応じて働き、必要に応じて受け取る「共産主義社会」が生まれてくる、という。マルクス主義者たちは、この歴史の必然的なプロセスを速く先に進めるために、自分たちは革命的な実践を行なっているのだ、という立場を取る。

「共産主義」という〝より効率〟的な生産体制を標榜しているという点では、マルクス主義者たちも効率志向であると言えないこともない。しかし当然のことながら、「価値はもっぱら肉体労働から生まれる」という――かなり形而上学的な――マルクス主義の大前提を括弧に入れれば、資本主義社会が成長の限界に達して、自滅することを客観的に証明することなどできない。社会主義・共産主義社会になれば、生産効率が再び上昇するなどというのは、プロレタリアート革命を待望する立場からの希望的な観測でしかない。現実の社会主義国家で、明らかに生産効率が上がったという例がほとんどなかったからこそ、マルクス主義は廃れたのである。

マルクス主義が、独自の人間本性論的な視点から、自由主義経済――マルクス主義的に言えば、「資本主義経済」――を批判していたのは明らかである。それに対して、攻撃されている側の「自由主義」は、効率性の視点から「経済活動の自由」を擁護しているだけであって、必ずしもそれが「倫理的に正しい」という前提に立っているわけではないし、ブルジョワジーという〝階級〟の利益を擁護しようとしているわけでもない。個々の資本家も、自分の儲けを考えているのであって、階級の利害のことなど考えていない。もともと違う次元に属する〝思想〟が、「経済活動の自由」をめぐって対立すれば、当然、話は噛み合わない。ただし、マルクス主義の側に言わせれば、ブルジョワジーが「自由主義経済」の名の下に効率性を追求することによって、プロレタリアートが苦しめられているのだから、「効率性」という観念自体がイデオロギー性を帯びているということになる。サヨクの側がそういう神学論争をやろうとすると、余計に話が通じなくなる。

❖もう一つの〝自由〟＝解放

ここで少しだけ留意しておく必要があるのは、マルクス主義は必ずしも「自由」という価値を否定していたわけではないということである。社会主義体制の説明として、「自由」よりも「平等」により重きを置く、という言い方をすることがあるが、それはあくまでも自由主義体制と——第三者的な視点から——比較した場合の話である。資本主義を一応認めたうえで、議会制民主主義を通じて漸進的に社会主義に近づいていこうとする「社会民主主義者」の場合は、「自由」と「平等」のバランスについて語ることはあるが、純粋マルクス主義系の左翼はむしろ、自分たちこそ「真の自由」の実現を目指していると豪語していた——現代日本のサヨクは、そういう理念的なことを考えられないほど知的に退化してしまったようであるが。

マルクスに言わせれば、近代の市民社会・国家の法体系によって支えられた「自由」は形式的なものにすぎず、多くの人、特にプロレタリアートは実質的に極めて〝不自由〟なる生活を強いられている。「資本」を中心に生産・流通・販売のメカニズムが形成されている資本主義社会においては、「資本」を持たないプロレタリアートは、市場での自由競争に参入できない。資本家との間でかなり不利な条件の雇用契約を結ぶか、飢え死にするかの選択肢しかない。財産のある者は、市民（ブルジョワ）的な法体系の中で〝自由〟を享受できるが、それ以外の者にはほとんど意味はない。

マルクスとエンゲルス（一八二〇－九五）が共同執筆した『共産党宣言』（一八四八）では、このことについて以下のように述べられている。

今日のブルジョア的生産諸関係のもとでは、自由とは、自由な商業、自由な売買を意味する。／しかし、商売がほろびれば、自由な商売もほろびる。いったい自由な商売などというい方は、わがブルジョア階級の用いる他のすべての自由呼ばわりと同様に、中世の束縛された商売、奴僕化された市民に対していうときに限って意味があるにすぎない、商売やブルジョア的生産諸関係やブルジョア階級そのものを共産主義的に廃止することに対しては、無意味である。（大内兵衛・向坂逸郎訳『共産党宣言』岩波文庫、一九五一（七一）、六一頁）

マルクス／エンゲルスにとって、市民社会の法体系によって保護されている——主にブルジョワジーのための——経済活動の「自由」は、中世封建社会で、領主の支配下に置かれていた農奴や、ギルドの慣習に縛られていた市民の状態に比べて相対的に〝自由〟であるというにすぎない。彼らの世界観・歴史観においては、支配階級による被支配階級の搾取で成り立っている階級社会が存続する限り、「労働」を中心とした人間の諸能力が全面的に開花するということはあり得ない。私的所有、特に、新しい社会的財を生み出すための生産財が、特定の支配階級に独占されている限り、社会の大多数を占める被支配階級は、上から命じられる〝労働〟を受け入れるか、飢え死にするかの「究極の選択」を強いられ続けることになるし、支配階級自身も、自らの〝労働〟する能力を封じているという意味で〝不自由〟である。

マルクス／エンゲルスは、人類をその本質である「労働」から遠ざけて、〝不自由〟にしている所有関係を廃棄し、各人が、自分以外の〝何か〟に縛られることも強制されることもなく、本来的な意味で「自由」に協力し合いながら「労働」できる社会を実現すべきだと主張する。それが、共産主義社会である。

階級と階級対立とをもつ旧ブルジョア社会の代わりに、一つの協力体があらわれる。ここでは、ひとりひとりの自由な発展が、すべての自由な発展にとっての条件である。（『共産党宣言』、六九頁）

彼らにとって、「共産主義社会」こそ、〝真の自由〟を保障する社会である。この主張は、一つのかなり強力な人間本性論を前提としている。「私有財産さえなければ、人間は互いに協力し合いながら、個々人の潜在的な労働能力を全面的に開花させることができ、誰も自分の自然な欲求に反した行動を強いられている、と感じることはない」という前提である。自然状態は戦争状態であるとするホッブズの議論とは正反対であるし、人間は己の分を弁えて理性的に振舞うとするロックの本性論よりも遥かに〝ラディカルにオプティミスティック〟である。

共産主義社会において開花されるという「人間の本性」がここまで善良であるとすれば、どうして現状がこれだけぎすぎすして、搾取が横行しているのか、余計に疑問が湧いてくるところだが、マルクス主義者というのは、現状にかかわらず、そうした人間〝本性〟を信じられる人たちなのである。彼らのオプティミスティックな労働価値説的人間観を信じられない人間にとっては、私的所有を放棄し、自分の内からそうした観念を消しさらねばならないというのは無茶苦茶〝不自由〟に感じられる話だが、信じられる人間にとっては、完全な「自由」を約束してくれる思想である。次章でもう少し詳しく述べる予定だが、これは、特定の宗教の教義を信じる者にとって、その教えを忠実に実践することが、（人間の本性に合った）〝究極の自由〟に至る道であるのに対し、信者でない者には、人間本性に反した〝不自由〟な行為にしか思えないのと同じことである。

最近ではマルクス主義の退潮に伴ってあまり聞かなくなったが、マルクス主義の影響を受けた政治・思想団体には、「○○解放同盟」「△△解放戦線」などと、「解放」を冠した名前を付けているところが多い。新左翼に、「解放派」と呼ばれていたセクトもいた。日本語で「解放」というと分かりにくくなるが、英語では〈liberation〉、ドイツ語では〈Befreiung〉で、これらは語の作りからして、それぞれ「自由」を意味する〈liberty〉、〈Freiheit〉と関わっている。つまり「解放」というのは、「自由化」ということである。

人間の究極の「解放＝自由化」のために、集団で軍隊的な訓練をし、ヘルメットをかぶって、鉄パイプを振り回していた「解放派」のような振る舞いは、新左翼の理念に共鳴しない人間には、恐ろしく抑圧的で、「自由」を消滅させる行為にしか見えないが、ご当人たちにとっては、「自由」への唯一の道である。人間本性論的な「自由」論は、それを受け入れる者とそうでない者とで、二項対立的に評価が分かれる。

付言しておくと、現代のマルクス主義系経済学の中には、従来のマルクス主義が労働価値説、唯物弁証法、疎外などの、経験科学的に証明しようのない命題に依拠していたことに不満を覚え、数理モデルや、論理学的な公理系などを導入して、「搾取」を客観的に分析して、社会的公正の実現を図る「分析的マルクス主義」と呼ばれる流派もある。人間本性論的な色彩を極力切り捨てて、「効率性」の方にかなりシフトした問題の立て方をしている。ただし、マルクス主義陣営の内部では、「それだと、数理モデルによって合理性を追求する新古典派経済学や、ケインズ主義派と本質的な違いがなくなる。そんなのはマルクス主義ではない」という感じの批判が強くて、主流にはなりにくいようである。

マルクス主義の〝本質〟は、人間本性を最終的に「解放＝自由化」することを目指す第二のキリスト教なのかもしれない。

❖〝人間本性論〟としての「自由主義」

先に、経済学・経済思想的な意味での「自由主義」は、アダム・スミス以来「効率性」を基準にしていることが多いと述べたが、経済学者の中にも、「自由」を人間本性に基づくものとして倫理的に擁護する者もいる。一九世紀後半からマルクス主義をはじめ社会主義系の経済思想の勢いが強くなってくると、それに対抗する形で、「自由」の価値を改めて強調する思想も浮上してきた。代表的な思想家として、現在「新自由主義」と呼ばれているものの元祖としてサヨクの人々から批判されることの多いフリードリヒ・ハイエク（一八九九－一九九二）を挙げることができる。オーストリアに生まれて経済学を学んだハイエクは、一九三〇年代から英国で活動し、貨幣と景気の関係をめぐってケインズと論戦したりしたが、次第に経済学それ自体から社会哲学へと活動領域をシフトしていく。

彼の著書として最も有名なのは、第二次大戦中に執筆した『隷従への道』（一九四四）である――「隷従」の原語は、「農奴制」を意味する〈serfdom〉である。ハイエクはこの本の中で、「全体主義」の脅威に抗して「自由」を擁護することの必要性を強調しているが、その場合の、「全体主義」というのは、ドイツのナチズム（国民社会主義）やイタリアのファシズムだけではなく、ソ連のマルクス主義的社会主義も含まれる。「全体主義」の本質は、右か左かということではなく、「自由」を抑圧する「計画経済」を支える体制を作ろうとする考え方にある。「計画経済」を求める傾向は、基本的に自由主義経済の国である英国などにも見られる、という。政府の積極的な財政・金融政策の必要性を強調するケインズ主義的な考え方が流行しているのが、その兆候である。

人々が「計画経済」、すなわち社会主義に憧れるのは、自由競争によって、敗者になることを恐れるあまり、安全を求めるからだ。上からの計画によって経済全体が設計され、福祉などを通して最低限の生活水準が保障されることを望む人々は、「自由」を犠牲にすることさえも厭わなくなる。しかし、計画の下での――個人の自由の働く余地があまりない――規格化された生き方に慣れてくると、人々の間から「自由の精神」が失われていく。ハイエクに言わせれば、「自由」とは、他のいろいろなものを犠牲にしながら努力して獲得すべき価値であり、ただで手に入るものではない。人々の生活様式を計画的に作り替え、そのことを忘れさせてしまうから、全体主義は危険なのである。

はなはだしい窮乏に対して適当な保障を与えることや、避けえられる労力誤用の原因、したがってまたその結果としての失敗を減らすことが、政策の主要目的の一つであることについては問題はない。しかしこのような努力が成功し個人的自由を破壊しないためには、保障は市場の外で提供され、競争は妨げられずに作用するようにされなければならない。なんらかの保障は、自由が保持されるべきものであるとすれば必要である。というのは、大部分の人々は自由が必ず含んでいる危険を、それがあまりに大きくないかぎりは喜んで耐え忍ぼうとするからである。このことは、われわれが決して見落してはならない真理ではあるが、自由を犠牲にして手にする保障を激賞する、知的指導者たちの現在の流行ほど致命的なものはない。われわれは自由というものが一定の価格を払って初めて得られるものであるということ、そして個人としてのわれわれが自由を保持するためには、きびしい物質的犠牲を払う用意をしなければならないということに、目を開くことを虚心に再認識する必要がある。われわれがこのことを固持しようと欲するならば、われわれはアングロサクソン諸国において、自由の規則が基礎としている信念、またベンジャミン・フランクリン（Benjamin Franklin）が個人としてならびに国民としてのわれわれの生活において、われわれに適する言葉で表現した信念、すなわち「僅かな一時的な安全を手に入れるために、根本的な自由を放棄する人々は、自由と安全の両者をもつに値しない」という信念を思い起さなくてはならない。（一谷藤一郎・一谷映理子訳『隷従への道』東京創元社、一九五四（九二）、一六九頁以下）

この中で特に、「個人としてのわれわれが自由を保持するためには、きびしい物質的犠牲を払う用意をしなければならない」と、彼が明言していることに注目しよう。通常の意味での経済的な「自由主義者」は、「市場」での自由競争が物質的に大きな利益をもたらすと確信して、政府による余計な介入を可能な限り排除すべきだと考える。それに対してハイエクは、たとえ物質的犠牲を払うことになったとしても、他者の決定に依存することなく、「自由」に行動しようとする積極的な姿勢が、人間本性にとって重要だと主張しているのである。効率性を重視する通常の「自由主義」とは、かなり位相を異にする考え方である。自己決定・自己責任の原則に徹する筋金入りの〝自由主義〟だとも言える。

単なる拝金主義者であれば、リスクの高すぎる自由競争を嫌って、政府による保護政策を求めるという態度もあり得るが、ハイエク流の自由主義はそうではない。ハイエクは、「市場」での競争に敢えて挑むことを通して、各人の能力を向上させることを、人間の崇高な使命と考えているふしがある。少なくとも、国家・政府に自分の「自由」を委ねてしまう〝自由〟を認めていないのは確かである。

ハイエクは、政治的・文化的にはかなり保守主義的であり、フランス革命を伝統破壊として徹底批判し、近代保守主義の元祖となったエドマンド・バーク（一七二九－九七）を、ロックやスミスの系譜に連なる「真の個人主義者」として高く評価している。ハイエクにとって、「市場」は単なる物質的な利益交換の総体ではなく、伝統や慣習の中に蓄積されてきた人々の知恵が結晶化された場である。その中で人々はお互いの持っている知識を自由に交換しながら、知的に進歩していくわけである。

「（経済的な）安全」よりも「（経済的な）自由」を尊重するというハイエク的な精神を更に徹底して、近代市民社会では自明の理とされてきたような政府のミニマルな干渉をも排除し、可能な限り人為的に作られた「法＝権利」の体系によらないで、本当に自由に生きていこうとするのが、リバタリアン（自由至上主義者）と呼ばれる人々である。

「リバタリアン」には、様々な立場がある。人々の所有権を保障するのに必要な「最小限の国家」の存在を許容するロバート・ノージック（一九三八－二〇〇二）のような穏健派や、「法と経済」の発想を取り入れ、（法的な紛争解決という面から見て）一番〝コストのかからない〟やり方を志向するプラグマティックな流派の人々もいる。しかし、現代において最も典型的な「リバタリアニズム」と見られているのは、たとえリスクが高くても、個人の行動の自由を縛っているあらゆる法制度を聖域なく見直し、アナーキー（無政府状態）に近付けていこうとするロスバード（一九二六－九五）やデヴィッド・フリードマン（一九四五－　）――新古典派の経済学者ミルトン・フリードマン（一九一二－二〇〇六）の息子――のようなアナルコ・キャピタリズム路線である。アナルコ・キャピタリズム派は、市場の内部で自然発生的に形成される紛争解決のメカニズムを信頼し、治安維持さえもそれに委ねてしまおうとする。

「リバタリアン」たちの掲げるラディカルな提案として、経済面での公共事業・財政政策の廃止、累進税率廃止、貨幣発行の自由化などに加えて、社会政策として、婚姻制度の私事（非法制）化、銃・麻薬・売春に対する規制撤廃、賭博の容認などを挙げることができる。彼らは、ハイエクのように、「自由」の精神的・伝統的な側面を強調することはない――「自由」を特定の精神的伝統と結び付けて考えることは、リバタリアンの志向する徹底した〝自由〟とは相容れない。しかし、人間生活のあらゆる面で自己決定・自己責任の原則を貫こうとする基本姿勢では、ハイエクよりも徹底していると言える。

日本のサヨク及びウヨクには、［自己決定・自己責任＝市場原理主義＝拝金主義者＝新自由主義＝リバタリアン］と思い込んで罵倒している連中が少なくないが、少し頭を働かせることができれば、これらを単純にイコールで結ぶことはできないと分かる。リバタリアンは、「自己決定・自己責任」に徹する態度であるとは言えるが、それだけにとどまらず、現在の意味での「市場」の内／外の区別を相対化していこうとするラディカルな立場なので、従来の意味で「市場」原理主義とは言いにくい。夫婦を中心とする家族関係を相対化し、銃や麻薬のような〝非社会的なもの〟に対する規制を解けば、どれが市場での取引に属する問題で、どれが非市場的な人間・社会関係の問題なのか、区別が曖昧になる。特に貨幣発行の自由化を掲げるリバタリアンの場合、「貨幣」の意味自体が変動し、不安定化する可能性もあるので、〝拝金主義〟のレッテルを単純に貼るわけにはいかなくなる。

更に言えば、日本のサヨク・ウヨクは、「新自由主義」という言葉で、市場での勝ち組の特権を守るために、（負け組の）目につかないところで国家が軍隊と警察による監視・統制を強化しようとするイデオロギーを念頭に置いているふしがあるが、リバタリアンは、〝特権を守るための暴力装置を備えた政府〟にも反対しているので、リバタリアンをサヨク的な文脈での「新自由主義」と重ねることには無理がある。アナルコ・キャピタリズム派になると、軍隊や警察までも否定する。サヨク・ウヨクがイメージする、資本主義の害悪を一身に体現したような「新自由主義者」は、現実にはほぼ皆無である――病膏肓《やまいこうこう》に入ったサヨク・ウヨクに言わせれば、「そんなの見せかけだ！　資本主義市場の冷酷さを容認する〝自由主義者〟はみな、一つ穴の狢《むじな》で、勝ち組の特権を擁護している！」ということかもしれないが。

❖〝正統派〟の「リベラリズム」

「自由」を何よりも尊重する立場であることを強調するために、「リベラル liberal」の代わりに、わざわざ「リバタリアン libertarian」——元々は、「宿命論」に対して、人間の「自由意志」の意義を主張する立場を指していた——という少し変わった英単語が使われるようになった背景には、第二次世界大戦後の〝自由主義〟の本場となったアメリカにおいて、「リベラル」の意味が変容し、ヨーロッパの伝統的な意味での「リベラル」とは異質なものになっていた、ということがある。

戦後のアメリカで「リベラル」と呼ばれているのは、社会的弱者に対する公正を重視し、弱者支援のための福祉・財政政策を積極的に推進すべきだという立場を取る——どちらかという「大きな政府」路線的な——人々である。政党レベルでは、民主党左派に近い。西ヨーロッパ式に言うと、むしろ「社会民主主義者」である。それでも「リベラル」と呼ばれているのは、彼らが、宗教、エスニシティ、家族、性などの文化的・社会的な価値に関わる問題——少し後で述べるように、これらは一般的に私的（プライベート）な領域に属する問題と見做される——においてかなり寛容で、多様性を認めるからである。アメリカでは、ヨーロッパ以上に、キリスト教系の保守主義の影響が強いので、それに抗して、ライフスタイルの多様性を擁護しようとする人々が、ラディカルな「リベラル」に見えるわけである。

こうした戦後アメリカ的な意味での「リベラル」を哲学的に体系化し、学術的に権威あるものにしたのが、ジョン・ロールズ（一九二一－二〇〇二）である。近年、日本で法哲学や政治思想史をやっている〝偉い学者〟の圧倒的多数は、アメリカ産の「リベラリズム」（の訓詁学）を研究しているが、彼らが「リベラリズム」として念頭に置いているのは、ほぼ間違いなく、ロールズである。理論社会学者の中にも、ロールズを信奉して、ロールズ的な意味での「リベラルな社会」の〝設計図〟を描きたがる者が少なくない。この人たちは、「現代リベラリズムを語る＝ロールズの思想の可能性を追求する」と思っているので、私のようなのがこういう軽めの本で、偉大なるロールズのことにちょっとだけ通りすぎるように触れると、「意味不明！」「分かっていない！」とバカの一つ覚えのように騒ぐ。全くもって〝不自由〟な話である。

ロールズの「リベラリズム」にとっての課題は、「各人が可能な限り自由に振る舞える政治制度を作ることは重要である」という前提に立ちながら、その「自由に振る舞う」ための条件を明らかにすることにある。言ってみれば、いかにして「自由の空間」を構築するかということにある。ただし、当然のことながら、どこかの偉い先生が〝自由の空間〟をかなり厳密に規定して、それを庶民に上から押し付けたら、本末転倒になってしまう。そこでロールズは、一九世紀以降、廃れていた社会契約論をもう一度引っ張り出す。偉い人が上から一方的に押し付けるのでなく、みんな（＝市民たち）の理性的な討論の帰結として、「自由の空間」を築いていこうとするわけである。

ただし、一九世紀以前の社会契約論が、政治的共同体を創設すべきかどうかについての「合意」を正当化することに主眼を置いていたのに対し、ロールズは、(リベラルな)政治的共同体の創設の問題自体は一応クリアされていると見做しているようである——つまり、リバタリアンのように、政治的共同体の存在意義を疑ってかかることはしない。彼の社会契約論は、創設された政治共同体の中で、諸個人が「自由」に行動するためには、どのような制度設計が必要になるかを、みんなで——少数意見の個人の「自由」をかえって抑圧することにならないような形で——決めていくためのガイドラインを示すことに主眼を置くものであった。

その制度設計に当たって重要になるのが、社会的な「財goods」の「(再)配分」の問題である——〈goods〉から〈s〉を取ると、「善good」になるので、英米系の倫理学や政治哲学をやっている人は、しばしば〈goods〉と〈good〉の言葉遊びをする。自由に活動するには、本人にそうした意志と能力があること——ロールズを始め、現代のリベラリストの多くは、意志と能力が本当にあるかはあまり問題にしない——もさることながら、ある程度の物質的基盤が必要である。現代社会では、物質的な基盤がなければ、自由に振舞う前に、飢え死にしてしまう。

自由のための物質的な条件を重視する点では、マルクスに近い発想だとも言えるが、ロールズは生産手段の公有化とか、私有財産の廃棄のような〝ラディカル〟な思想はしない。そこまでやれば、通常の意味での「自由」を破壊することになる。ロールズは、人々が自由に競争できる「市場」の存在は前提としながらも、社会的富の再配分を行なうことによって、できる限り多くの人が「自由競争」のゲームに参加して、生き残っていくことができるような制度を志向する。その際の再配分のやり方は、「公正」に、つまり社会を構成している〝みんな〟が納得できるような仕方で決める必要がある。みんなの〝自由意志〟に基づいて、富の再配分のルールを決めるには、どうすればいいのか？　それを考えることが、ロールズ型リベラリズムの課題である。

ロールズの「リベラリズム」は、ある意味、ハイエク的な自由主義と、平等を重視する社会主義の間の中道を折衷しようとしているところがあるが、それには時代的背景がある。彼が、リベラリズムの視点から、「再配分的な正義」を定式化することを試みる論客として注目されるようになった一九六〇年代から七〇年代にかけて、アメリカでは、アフリカ系アメリカ人などのマイノリティの公民権運動、女性解放運動、ヴェトナム反戦運動などが盛り上がり、それまでタブーであったマルクス主義系の左翼思想も、大学アカデミズムを中心に徐々に浸透するようになった。

リベラル左派の人たちにとっては、これらの左派系の運動の高まりは、アメリカ社会の価値観の多様性の現れとして、基本的には歓迎すべきことではあった。しかし、あまりにも社会的対立が激しくなって、「アメリカは本当に自由な共同体だったのか？」という根本的な疑念が強まり、市場経済を基礎とする〝自由主義〟の否定にまで至るのは、決して好ましいことではない。マイノリティや女性問題を歴史的に遡っていけば、アメリカとはもともと、奴隷や先住民、女性の抑圧の上に成り立つ〝特権的な市民たちの共同体〟であった、という事実に突き当たる。また、国際政治の面でも、当時のアメリカは、第三世界で影響力を増しつつあったソ連にかなり押されぎみになっていた。知識人たちも、アメリカ的な「自由の精神」の卓越性に自信を失いつつあった。左翼的な「解放」の思想を全体主義に繋がるものとして嫌っていたハンナ・アーレントは、「自由の国アメリカ」に対する不信感が蔓延している事態を「共和国の危機」と呼んだ。

そうした状況にあってロールズは、社会的な弱者でも十分に自由に活動できるような制度を設計し得る可能性を示すことを通して、「自由主義」に対する信頼を回復しようとしたのである。具体的には、福祉などの再配分政策によって、「市場」での競争によって不可避的に生じてくる格差を是正することを目指すわけである。ハイエクやリバタリアンが、国家・公権力の介入を可能な限り排除して、自由の原理を最も効率的に働かせることで、自由を守ろうと考えるのに対し、ロールズはむしろ介入を制度化することで、自由を守ろうとしたわけである。

❖「無知のヴェール」の威力

ロールズの主著『正義論』（一九七一）には、「格差原理」という日本のサヨクが脊髄反射しそうなものが出てくる。実際、格差原理という言葉の印象だけから、「ロールズの自由主義は結局、格差の存在を容認するものだ！　リベラル左派のふりをしているが、結局は、市場原理主義の新自由主義と同じ穴の狢だ！」と叫んでしまう、どうしようもないサヨクも少なくない。本当に疲れる。

確かに「格差原理」は、「格差を容認する」原理ではあるが、「格差を容認する」ための原理をわざわざ規定するというのは、逆に言えば、「例外的にのみ格差を容認する」、ということでもある。自由競争が行なわれる社会において、「原則として格差を認めない」というのは、かなり思い切った、むしろ左翼的とさえ思えるような発想である――「日本に格差は存在するんですよ！」とか「格差があるとかないとか論じる段階ではない！」と当たり前のことを叫んでいるアホたちには、それが全然理解できていないのだろうが。

ロールズは、格差に対して二つの条件を付けている。一つは、それが、社会的に最も不利な立場にある人にとっての利益になること、もう一つは、格差によって生じる利益／不利益を受ける立場が、その人の生まれなどによって固定化されることなく、あらゆる人に対してオープンであることである。二番目は、出自などによる差別をしないということなので、分かりやすいが、最初の方は、少し分かりにくい感じがする。そこが「分かる」かどうかが、ロールズの言うリベラリズムを受け入れるかどうかの目安になる。

これは、社会主義的な「平等」最重視政策との対比で考えれば、少し分かりやすくなる。全面的な平等状態の中で、競争によるインセンティブが効かなくなり、社会の富の総量が増えなくなると、配分できるパイが少なくなる。みんなで〝平等に〟じり貧になっていくと、一番最初に被害を受けるのは弱者である。弱者から順番に死んでいって、人口が近代以前に戻ってしまうかもしれない。無論、マルクス主義の階級闘争史観に従えば、社会主義的な平等路線を徹底すれば、生産力が飛躍的に向上して、社会的富は増大していくはずだが、マルクス主義を信じない人間には、何の根拠もない夢物語にすぎない。

極めて常識的に考えれば、潜在的に競争力がある者にたくさん資源を配分し、社会的富の総量を増やさせたうえで、その増えた分がうまく弱者にも再配分されるような仕組みが必要である、ということになろう。そのための「格差原理」である。格差が、弱者の利益になり得るような仕組みを作ることも可能であることをロールズは示そうとしたわけである。

しかしながら、そうした「格差原理」に根ざした制度を構築することに万人が合意するとは限らない。むしろ、現実に合意に達するのは、かなり困難に思われる。自由競争で勝てる見込みが高い者は、格差原理に基づく制限など付けることなく、できるだけ自由に活動させてほしいと思うだろう。その逆に、様々なハンディキャップがあって競争で勝てる見込みが低そうな者は、再配分の割合を大きくして、自分により多くの富が回ってくるようにしたいと思うだろう。例えば、累進税率のような問題を念頭におけば、そうした強者／弱者の発想の違いが分かりやすくなるだろう。各人が、自らの具体的な利害関係を考えて、〝現在の自分〟にとって都合のいい制度を選ぼうとすると、格差原理について合意を形成するのは困難になる。

そこでロールズが提案するのは、「無知のヴェール」の下での思考実験である。「無知のヴェール」というのは、自分自身が社会における各種の競争でどの程度の位置にあり、どのように有利／不利なのか、に関する情報をいっさい遮断する装置である。〝現在の自分〟を基準にした利害計算をできなくしてしまうわけである。そうなると、多くの人は、自分が競争に敗れて、弱者になるのではないかと不安になる。

ロールズに言わせれば、「無知のヴェール」によって、自分個人の有利／不利についての情報から遮断された人々は、取り敢えず、最悪の事態だけを回避しようとする。つまり、仮に自分が最も弱い立場の者であったとしても、何とか生きていけるような制度を選ぼうとする。その際に当然、あまりにも再配分に回す割合を多くして、社会的富を稼ぎ出してくれる強者の足を引っ張って、やる気を失わせないようにすることも考えるはずである。そうしたバランスを各人がリアルに考えれば、格差原理に関して合意を成立させることが可能になるというのである。

これは、先に述べたアダム・スミスの「共感」論にまで遡る「立場の入れ替え可能性」の問題を、ある程度具体的にイメージ化するための思考実験であると言える。私たちは、なかなか、本当の意味で「苦しんでいる人の立場」に立って考えることはできない。そのつもりになっても、ほとんどリアリティのない、観念的で漠然としたイメージしか持てない――他者の立場に立てると思い込んでいるサヨクは傲慢である。普通の人間には、我が身で経験したことがないものを、リアルに想像することなどできない。

しかし、自由競争で敗北したり、不慮の事故に遭遇したりして、自分自身が社会の最底辺にまで落ちるリスクがゼロでないことは、みなある程度知っている。しかも、金銭面に限定して考えれば、収入が減っていった時、自分がどういう心境になるかは、全く想像がつかないことではない。「無知のヴェール」は、自分にとって最も不利な状況が生じた場合、「私はどのような選択をするだろうか？」と想像するよう促す形で、間接的に、社会的に最も不利な状況に置かれている「他者」の身になって考えるように仕向けるためのレトリックである。「無知のヴェール」がかかっていれば、どんなエゴイストであっても、あるいはむしろ、エゴイストであればあるほど、「社会的に最も弱い立場にある者（になってしまった私）」が生き残れる道を本気で模索するようになるはずである。

ロールズは、この「無知のヴェール」という装置を想定することで、人々に無理やり「他人のため」を考えさせるのではなく、あくまでも〝自発的〟に、「弱者としての私」を想像させ、社会的富の再配分の仕組みについての「合意」を形成しやすくすることを試みた。こうした思考プロセスを取ることで、社会的弱者に対する配慮と、自らの利益を最大限化すべく活動する自由を両立させようとしたわけである。

無論、現実の世界には、「無知のヴェール」のような便利な道具はないし、仮に、そういう便利なマインド・コントロール装置が将来発明されたとしても、それを万人に強制的に装着させて、「他者の立場」に立たせるのは、自由の侵害になる。ただ、全面的な情報遮断は無理だとしても、将来に対する不確実性に起因する不安を回避するため、「弱者の立場にいる私」を前提にして設計されている制度というのは、現実に存在している。国民年金や社会保険制度などである。これらは、将来のリスク回避のために、みんなで少しずつ積み立てておく制度であるので、結果的に、みんなのかけ金によって支えられることになる人と、支えられる以上に支えることになる人が出てくる。特に介護保険の場合、死ぬ直前までぴんぴんしている人にとっては、まる損になるが、年を取って体が動かなくなる可能性は誰にもあるので、何とか〝合意〟が成立していると考えられる。

国家が行なう福祉や公共投資などの再配分政策は、ある意味、強制加入の巨大な組合組織を介しての複合的な保険事業と見ることができる。ロールズは、リスクという面を考慮に入れれば、〝自己チューであるがある程度分別のある諸個人〟の間で、再配分をめぐる社会契約が――個人の自由な活動と十分に両立する形で――成立するのではないかと考えたわけである――リスクの計算ができないほど愚かなサヨクのワン君ばかりだったら、最初から成り立たない話だが。

❖「無知のヴェール」の限界

あまりにも当然のことであるが、ロールズのあまりにも〝よくできた〟リベラルな正義論に対しては、多くの異論が出された。実際に、ロールズの『正義論』を読んでみれば分かることだが、ロールズの理論には、「無知のヴェール」の話を筆頭に、「本当にそうなるのか？」と思わせるような仮定が何重にも含まれていて、複雑な構成になっているので、いくらでもケチをつけることができる。私には、突っ込ませるためにわざと無理な設定をしているのではないかと思える——欧米の哲学者・思想家には、挑発のためのネタとして、わざと無理な議論を展開する人が少なくないが、日本の〝偉い学者〟には、そういうのをベタに受けとめてしまって、あまり意味のない〝厳密な解釈〟を延々と続けるおめでたいのが多い。

先に触れたリバタリアンたちは、ロールズの「自由」にあまりにも多くの限定条件がついていて、実質的に社会民主主義に近付いていることに反発した。リバタリアンたちが、極端なまでに、（セイフティネット的なものまで含めて）公権力の介入排除にこだわるようになった一因として、ロールズ型のリベラリズムが、「自由」の物質的基盤の整備、制度設計のための合意形成にこだわりすぎて、かえって〝自由の空間〟を狭めていることに対する反動があったと考えられる。リバタリアンに言わせれば、再配分政策に頼ってリスク回避しようとするのは、人間の本性としての「自由」に反することである。

これとは逆に、七〇年代頃から台頭してきたコミュニタリアン（共同体主義者）と呼ばれるグループは、いかなる人間も自分が生まれ育った共同体の中で歴史的に培われてきた価値観を吸収しながら「自己」を形成しており、共同体的な文脈から〝自由〟になることはできない、という前提に立ちながら、ロールズ型リベラリズムを批判する。コミュニタリアンの議論に従えば、社会的な「善」の観念を共有できるのは、言語、エスニシティ、宗教などによって結び付いた地域共同体のような集団に限られるのであって、万人が合意できるような普遍的な正義の原理に基づく「社会契約」など不可能である。

ロールズは、「無知のヴェール」によって、自らのアイデンティティに関する情報も遮断して、ニュートラルに判断できるかのような議論をしているが、コミュニタリアンに言わせれば、それはナンセンスである。金銭とか職業に関する自己情報はいったん括弧に入れて考えることができるかもしれないが、自分がアメリカ人であるとか、女性でなくて男性である、プロテスタント信者である、といった自らのアイデンティティに深く関わる情報は括弧に入れることができない。仮に、アイデンティティに関わる情報までも括弧に入れてしまうことができたとしたら、〝判断主体〟であるはずの「私」の価値の尺度も消えてしまうはずである。コミュニタリアンの代表的な論客であるサンデル（一九五三－　）は、ロールズなどの正統派リベラリズムが前提にしているような、どこの共同体に属する何者なのか分からない主体を「負荷なき自己」と呼び、そうしたものを基礎にして、あらゆる社会に当てはまるような正義の理論を構築することはできないと主張する。

このような形で、「リベラリズム vs.コミュニタリアニズム」という図式を描くと、いかにもコミュニタリアニズムの方が、「個人の自由」を認めず、前近代的な社会に回帰しようとしているかのような印象を与えるかもしれないが、コミュニタリアンと呼ばれている論者のほとんどは、西欧先進諸国で憲法＝国家体制の前提になっているような基本権としての「自由権」や民主主義的な決定手続の必要性は認めているし、経済活動の自由や自己決定権に特別な制限を加えようとしているわけでもない。近代市民社会の前提になっている「自由権」を認めるか認めないかを、「自由主義」であるか否かの目安だとすれば、コミュニタリアンたちは、ほぼ間違いなく自由主義者＝リベラルである。彼らが問題にしているのは、もっぱらリベラリズムの前提になっている「普遍的な理性を持っている人間」という哲学的人間観である。自由の原理の「普遍化可能性」を批判しているだけである。

また、共同体的な価値観を制度設計に組み込むと、エスニシティ、宗教、セクシュアリティなどの面でのマイノリティに属する人々の「自由」を実質的に抑圧することになるのではないかとの懸念もあるが、広義の意味で〝自由主義者〟であるコミュニタリアンの多くは、各人が自らの属すべき「共同体」を選ぶことができるという立場を取っている。カナダのケベック州出身の政治哲学者チャールズ・テイラー（一九三一－　）はコミュニタリアンであると同時に、「多文化主義 multiculturalism」の理論家でもあり、マイノリティの自治を十分に保障するような憲法＝国家体制を提唱している。コミュニタリアンは、共同体的価値観の重視は、マイノリティの利益にもなると考える――無論、多文化主義には、「同性愛を嫌うエスニック共同体に属する同性愛者」のような「マイノリティの中のマイノリティ」を余計に孤立させるというようなリスクもある。

しかも面白いことに、コミュニタリアンが、「共同体選択の自由」と、「共同体創設の自由」を全面的に認めたうえで、法・政治制度を決定する権限を国家から共同体に大幅に委譲するという路線を追求すれば、国家を廃止して、私的なアソシエーションによる自治に委ねた方がいいという徹底したアナルコ・キャピタリズム系のリバタリアンの主張に次第に接近してくる。リバタリアンとコミュニタリアンは真逆の立場のようであるが、万人にとってハッピーな〝自由の空間〟を求めるという発想は倒錯しており、かえって「自由」

を抑圧することになるという見解は共有している――日本のウヨクとサヨクが似ているように、二項対立の両極端は同じような発想をすることが多い。

ロールズ自身も、後になって、万人が合意することのできるような〝普遍的な正義〟の原理をいきなり目指すことに少々無理があったと認めるようになる。九三年に出した『政治的リベラリズム』では、それぞれの国ごとの伝統によって、リベラルな政治制度のあり方にヴァリエーションがあり得ることを前提にしたうえで、異なった「自由」観を持つ人々の間で、取りあえず合意できる部分についてだけ合意し、公共的な討論を通し、合意の範囲を拡大していくという漸進的な戦略へとシフトする。ロールズはこれによって必ずしも、立場の「入れ替え可能性」という視点からの自由の「普遍化可能性」を放棄したわけではないが、日本の正統リベラリストの代表格と目されている法哲学者の井上達夫（一九五四－　）は、これをロールズの後退ないし敗北と見なして批判している。

ロールズを軸として現在に至るまで延々と続いているリベラリズム論議は、至上の価値としての「自由」を厳密に定義したうえで、それを絶対的に保障する制度を設計することを企てれば、かえって身動きの取れない不自由な状態に陥っていくという逆説をアイロニカルに映し出しているように私には思われる。

❖公的領域と私的領域

現代国家においては精神活動の自由（政治的自由）と、経済活動の自由が別扱いにされ、後者に対しては、効率性や平等を根拠に制約される傾向があると述べたが、このことは、現代リベラリズムのもう一つの重要テーマになっている「公／私」区分論と密接に結び付いている。「公的領域 public sphere」が、その政治共同体の構成員全員の利害に関わる公共的な事柄について討論が行なわれ、全員を拘束するような法的・政治的決定が成される領域であるとすれば、「私的領域 private sphere」は、他の人々に影響を与える可能性があまりない個人的（プライベート）な事柄について、公権力の介入を受けることなく私的自治が営まれる領域である。「私的領域」として具体的に想定されるのは、個人の「心の問題」、家庭を中心とする親族関係、友人関係、宗教あるいはエスニシティを共有するコミュニティなどである。

「公／私」が法的・政治的に違った扱われ方をすることの分かりやすい例として、「表現の自由」の問題を考えてみよう。自分自身の心の中では、他人のことをどれだけ差別し、中傷誹謗しようと〝自由〟である。自分の部屋の中での独り言として言ったり、個人的な日記に書いたりするのも〝自由〟である――ただし「ブログ日記」だと話は全然違うが、分かっていないパブロフのワン君が多すぎる。家の中とか、親しい友人だけの集まり、飲み屋とかだと、自分ひとりきりの時ほどではないにせよ、悪口雑言は許される。「プライバシー（私秘性）privacy」の場だからである。

しかし、不特定多数の人が見たり聞いたりする雑誌や書籍、テレビ、ネットなどの「公共」――英語の〈public〉には、「公開」とか「公表」という意味が含まれている――の媒体で同じような悪口を垂れ流すと、名誉毀損で訴えられて、損害賠償や謝罪を命じられる可能性がある。場合によっては、刑事事件になることもある。

また、政治家とか高級官僚、大学の学長のような公的な職にある人は、人前（公的な場）で話をする時、一般の人間以上に、自分の口をコントロールすることを要求される。「日本は神の国」とか「女性は産む機械」と口を滑らせた政治家は、徹底的に糾弾される。ただし、本来問題にされるべきは、あくまで彼の公的な職務に関連した公共的な場での発言であって、彼らの「心の中」にある「思想」とか、身内だけの私的な関係における言動ではない。調子にのって、「○○と心の中で思っているような人は、△△のような公職に就く資格はない」などと、心のチェックを始めたら、公／私の区分が保てなくなって、無茶苦茶なことになる――サヨクにはそれが分からない。

こうした「公／私」の分離構造は、かなり複雑な法・政治制度を有する現代国家の中で「自由」の余地を確保していくうえで不可欠である。様々に入り組んだ社会関係の中で人々の利害が衝突し、争いが起こるのを防ごうとして、国家がいろいろな法制度を整備すると、個人が自由に活動できる余地は少なくなる。素人には正確な情報が把握できない、不特定多数の人に被害を及ぼす恐れがある、公序良俗に反する……などの理由で、各種の行為をあまりにも細かく、かつ厳格に規制すると、人々は萎縮してしまって、自由に行動することが難しくなる。これこれの問題・領域についてはは公共性が高いので強く規制するけれど、これこれの問題・領域については公共性が高くないので、基本的に当人たちの私的自治に任せておくことにする、ということを原則的に決めておいた方が、便利できる。ここから先は、法によって強く監視されるので緊張がいる地帯、ここから先は、プライベートなのでリラックスできる地帯だと、分かりやすく看板がかかっていたら、始終緊張していないでもすむ。

無論、こうした公／私の区分は相対的なものであり、ある面から見れば私的事柄ではあるが、別の面から見れば公的事柄でもある、というような例は多い。たとえば、会社とか組合のような原則的に他人同士からなっている組織の中での関係性は、家族や友人関係と比べると、公共性が高い事柄であると考えられるが、国や地方公共団体などから見ればあくまでも、私的に結成された団体の内部の問題であり、私的自治に任されている部分が大きい。個人同士あるいは私的団体同士が結ぶ契約関係は、一般的に――家の中ほどの私秘性はないものの――私的自治の領域であり、当事者たちの裁量に大幅に委《まか》されている。ただ、同じ契約といっても、東証などに上場されている株式の取引では、不特定多数の人が参加してくる可能性があるので公開性が求められるし、医療契約は、患者の側の生命に関わるので、保険診療の範囲内で決まった療法しかやってはいけないことになっている。テレビ、ガス、電気とか、交通機関など、「公共○○」と付くものに関する契約も、あまり自由にやってはいけないことになっている。特に公共性の高い事業は、国が直接運営している。

金銭的な契約関係とはあまり関係ないはずの「家」の中が典型的に私的領域で、公正中立が要求される立法・行政・司法などの国家機構が典型的な公的領域であると考えると分かりやすいが、その〝中間〟の経済的な諸関係については、公／私の区分が結構複雑に入り組んでいて、その分野の専門家でないと、何が許されていて、何が禁止されているのか分かりにくいことが多い。

一般的に、経済的な利害関係が絡むと、私的利益と公的利益を区分するのが難しくなる。よくニュースで話題になっているように、道路とかダム、飛行場などを建設するという場合、確かに一般的な公共性はあるものの、私的に大きな利益を受ける人、あまり利益を受けない人、かえって損害を受ける人も出てくるので、話がややこしくなっている。規制緩和をめぐる議論でも、「全てを市場に委《ゆだ》ねたら、公共性の観点から問題ではないのか？　これまでは、公共性を維持するために、法的規制があったのではないか？」というような話が出てくる。

不特定多数の人の経済的な利害関係が前面に出てくる問題については、ルソー的な「一般意志」による解決を図るのが無理なのは当然のこととして、ロールズの「無知のヴェール」の下での「入れ替え可能性」アプローチも、あまり役に立ちそうにない。株や有価証券の取り引きとか、中央銀行の貸し出し金利、投資信託の運用などは、公共性と同時に専門性も高そうな問題については、どこをどういじったら、誰が得をして誰が損をするのか、普通の人間にはなかなか見通しがきかないので、合意の形成されようがない。

✣公的領域と「自由」

アメリカの〝非リベラル系の自由主義思想家〟であるハンナ・アーレントはその主著『人間の条件』（一九五八）で、西欧世界における「公／私」の区分は、もともと古代ギリシアのポリスにあったとして、それと現代社会における「公／私」がどのようにズレているか解説している。

彼女によれば、ポリスにおける「公的領域」とは、自分の日々の生活の糧のことをいちいち思い煩う必要のない「市民」たちが、ポリス全体として目指すべき理想とは何か、いかにしてポリスの栄光を語り伝えていくかといった公的事柄について、自由に討論する領域であった。そうした市民同士の討論を支えているのは、物理的な暴力や脅かしなどに依拠することなく、（演技的な要素も含んだ）言論だけによって、相手を説得しようと努力し合う態度である。アーレントにとって、我々の「人間性」を構成する最も重要な要素は、言論活動によって相互に影響を与え合う能力である。討論という形で、同じ市民たちから成る「公衆」の前で、ポリスの正義についてのそれぞれの考え方をアピールし、お互いの

「人間性」を磨き上げていくことが、本来の意味での「政治」である――「政治 politics」の語源は、「ポリス」である。

それに対して、私的領域というのは、「市民」の「家」の中の領域である。世界史の教科書に出ているように、古代ギリシアのポリスでは、市民権を持っていたのは、ごく一部の人たちであり、彼らの家で使われていた奴隷はもとより、女性や子供などの家族にも市民権はなかった。「市民」たちが日々の生活の糧のことを思い煩う必要がなかったのは、労働や家事を、奴隷や家の他の者たちが担ってくれていたからである。公的領域では言論活動に励む「市民」は、家の中では、家長として他の者たちを権力によって一方的に支配する。公的領域の光の下では、他者の目を意識して、自らのすぐれた人間性をアピールする市民も、私的領域では、暴力も辞さない暴君なのである。「私的 private」の語源になったラテン語の〈privatus〉の元の意味は、「～が欠如している」であるが、アーレントの解釈によれば、それは「公的領域」の特徴である「公開性」あるいは「公共性」が欠如しているということである。

「私的領域＝家の中」に人間の生物的な営み、物質的な利害関係、暴力・権力などの〝汚いもの〟が押し込まれているおかげで、市民たちは、それらの負の要素から「解放」され、公的領域の光の中で、自分と同等の市民たちを前にして、自由に討論することができるわけである。こうした「公／私」表裏一体の関係は、「奴隷」などの私的領域で抑圧されている者の側から見れば、極めて理不尽で、不公平このうえない話だが、このメカニズムがあったおかげで、少なくとも「市民」たちの間では、弁論術を核とする「人間性」を継続的に開発することが可能になったのである。生物的な欲望から「自由」であることが、「政治」の場において、「市民」たちが自らの物質的な利害関係に捉われることなく、「自由」に討論できるための条件だったのである。

しかし、この分離構造は、近代市民社会の成立と共に崩壊した、とアーレントは論ずる。本来、各自の「家」の中で自己完結的に営まれていた「経済」が、公共の領域での討論の対象として浮上してきた、というのである。また言葉遊びをすることになるが、「経済」を意味する英語〈economy←oekonomie〉のギリシア語の語源である〈oikonomia〉というのは、「家 oikos」を運営する術、つまり家政学という意味であった。奴隷などを多く抱えて、生活に必要なものを生産する基本的な単位であった「大きな家」が、近代において「経済」と呼ばれる営みを引き受けていた。そのおかげで、公的な「政治」は、「経済」的な利害関係によってかき乱されることはなかったのである――無論、こうしたアーレントの議論は歴史的な現実の記述ではなく、理念的な区分である。

ところが近代市民社会の成立以降は、〝政治〟的な討論の主要なテーマは、「経済」、特に各人の財産をいかに保障し、税をどのようなルールで取り立てられるか、ということになった。周知のように、近代議会の最重要審議事項は「予算」である。日本の国会で一番重要で、テレビの国会中継でよく出ているのは、予算委員会である。ホッブズの『リヴァイアサン』で「国家」を意味する語として使われた〈Commonwealth〉の文字通りの意味は、「共通の富」であるが、これは近代国家が富を共同で管理する組織としての性格を有することを象徴している。「経済」政策を議論すれば、どんな政策を決定する場合でも、それによって損をする人と得をする人が分かれるので、利害関係が前面に出てしまう。古代のポリスで「家（オイコス）」の闇の中に押し込まれていた、人間の生物的な欲求に関わるものが、公的領域での〝政治的討論〟に持ち出されたせいで、「政治」が「経済」によって汚染され、変質することになった。

近代市民社会の前提からして、こうなってしまうことには、必然性がある。全ての人間に平等に市民権を与えることが、人間の本性に適ったこととして正当化されるようになり、奴隷などの「市民権」を持たない者たちに、物質的な生産労働を押し付けることができなくなったからである。みんなが平等になったのと引き替えに、みんなで物質的な生産活動を担い、経済的な利害関係について思い煩うようになったのである。誰も経済的な利害関係から、完全に〝解放〟されなくなったのである。そのため、古代ポリスのような自由な討論を通しての「人間性」形成は困難になる。アーレントは、「経済」を中心に動く近代市民社会において、「人間性」は次第に衰退し、人々は物質的な利害に反応して動く動物的な性質を強めている、と指摘する。アーレントに言わせれば、二〇世紀に出現した大衆社会は、自己の人間性を研《みが》くことを忘れた人々が家畜の群れのように、偽りの繁栄を約束するデマゴーグ的な指導者の後についていこうとする非人間的な社会である。

このようにして、「経済」に対する関心が突出したことによって、（アーレントの言う意味での）「公／私」の区分が曖昧になり、純粋な「自由の空間」、つまりが経済から解放された空間がなくなったのと相関的に、核家族化して小さくなった「家」の中に、我々が現在「プライベート」と形容する小空間（プライバシー privacy）が生まれることになった。古代の「私的領域」が、物質的な生産活動が営まれる領域であったのに対して、近代市民社会の「プライバシー」はその逆に、むしろ、経済的な利害関係の思い煩いから一時から〝解放〟されて、ごく少数の親しい人々が、親密な交わりを結ぶ場である。その意味で、この小空間は「親密圏」とも呼ばれる。これに伴って、「自由」の意味も逆転した。古代の――特権階層である――市民たちが、家から出て、政治的な討論の場で「自由」を享受していたのに対し、近代の市民たちは、政治経済的な喧騒、緊張感から〝解放〟され、他人の目を気にすることなく好き勝手に振る舞うことが許される親密圏＝プライバシーの中でこそ、最も〝自由〟であると感じるようになった。

現代人である我々は、外界から隔離された狭義の「プライバシー」の中で自分（たち）だけの〝自由な時間と空間〟を持てることを良いことだと考える傾向があるが、アーレントにしてみれば、「プライバシー」の中に人々が安らぎを求めるのは、公的領域での言論活動を通して形成される本来の「人間性」がますます衰退している兆候である。

✣「自己決定」と「私的領域」

古代のポリスをモデルに「自由」を考えるアーレントが、経済的な利害調整を中心に動く近代市民社会に対して批判的な見解を抱いたのとは対照的に、現代の「自由主義者」たちは、「経済」の発展と「自由」の拡大は表裏一体の関係にあると考える。ハイエクのような古典的な自由主義者であれ、ケインズ主義者であれ、あるいは、ロールズのような再配分重視のリベラルであれ、自由主義者と呼ばれる人たちは、経済成長が人々が自由に活動する条件になっているという大前提を共有している。逆に言うと、諸個人の自由な活動を通して「経済」を拡大していく可能性を否定して、古代のポリスのようなピュアな〝政治〟を目指す者は、通常の意味での「自由主義者」ではない。そういうピュアな人々はむしろ、狂信的な保守思想家と見なされることだろう――アーレントも別に、古代ポリスのような「政治」を現代において復活させられると信じていたわけではない。

「経済」を軸に「自由」をイメージし、制度化しようとする現代の自由主義者たちは、アーレントの嘆きとは逆に、狭義の「プライバシー」の保護を重視する。外の世界における経済と、内面的な「プライバシー」を共に重視するというのは、矛盾しているように聞こえるかもしれないが、公/私の境界線があるとすれば、別におかしな話ではない。

既に述べたように、経済問題が人々の関心の焦点となる近代的な意味での「公的領域」では、人々の利害関係を相互調整し、市場の秩序を保つために、様々な「規制」が必要になる。経済が拡大すればするほど、新たなる種類の「規制」が必要になる。アナルコ・キャピタリストでない限り、経済の拡大と共に新たな「規制」が増えることに全面的に反対できない。そこで、経済に関してある程度の公的規制を実行するのと引き換えに、他人との経済的な利害の衝突をあまり考えないでいいはずの、(狭義の)プライベートな領域には極力干渉せず、私的自治に任せるべきであるという――ある意味、現状追認的な――考え方が生まれ、それが自由主義者の間に浸透していく。簡単に言うと、「せめて、家の中では誰にも気兼ねなく」ということである。

プライベートな領域において、基本的に自分自身だけにしか関わらないことを自分だけで決める自由権を、「自己決定権」という。近代的な「自由」の前提であるはずの「自己決定」をわざわざ強調して、「権利」扱いしているのは、他人に影響を及ぼす可能性が低いので、相互の利害調整を目的とした法的規制を限りなくゼロに近づけていくべきである、という含みがあるからである。この論理を基礎付けたのは、功利主義の思想家で、自由主義的経済学者でもあるミル（一八〇六－七三）だとされている。ミルは、その著書『自由論』（一八五九）で、たとえ他人の目から見て極めて愚かな行為でも、それが他人に迷惑を及ぼさない、個人の価値観に基づくライフスタイルの選択である限り、干渉すべきでないという立場を定式化している。

人間が不完全である間は、異なった意見の存在していることが有益であるのと同様に、異なった生活の実験の存在していることもまた有益なのである。他人に害を及ぼさない限り、さまざまな性格に対して自由な活動の余地が与えられること、また、誰かが異なった生活様式を試みたいと思う場合には、異なった生活様式の価値を実地に証明させるということ――それはいずれもみな有益である。これを要するに、第一にまず他人に関係があるというのでない事柄においては、個性が自己を主張することが望ましいのである。己れ自身の性格ではなくて、他人の伝統や習慣が行為を規律するものとなっているところでは、人間の幸福の主要なる構成要素の一つが欠けているし、また実に個人と社会との進歩の最も重要な構成要素が欠けているのである。（塩尻公明・木村健康訳『自由論』岩波文庫、一一五頁）

このように、他人に害を及ぼさない限り、自分の好むライフスタイルを選べるようにすべきだということを、現代の倫理学や法哲学では、「他者危害原則」という——字面から、逆の意味に取りやすいので、要注意。他者危害原則に基づいて、プライベートな領域における自己決定権として主張されることが多いのは、具体的には、妊娠中絶、尊厳死、未成年の飲酒・喫煙、麻薬摂取、学校の校則、売買春、ポルノなどの問題である。これらのそれぞれについて当然、本当に他人に迷惑をかけないと言えるのか、間接的な害はないのか、あるいは、公序良俗という面からおかしくないか、といった疑問がある。そうしたあらゆる疑問にもかかわらず、やはり「自己決定を優先すべきだ」と言い続けるのが、硬派の（文化的）リベラルである。そして、そうした自己決定の範囲を、人々の生活全般に拡大していこうとするのが、リバタリアンである——リバタリアンは、プライベートな領域を次第に拡張することで、公／私の境界線を解消する方向を目指していると見ることができる。

ラディカルな自己決定論を取る人は、社会の常識や伝統に反することを主張することになるので、一般的にアナーキーな左派と見なされることが多いが、問題によっては、他のラディカルな左派とぶつかることもある。例えば、宮台真司は、援助交際する女子高生の性的自己決定権を主張したので、フェミニズムの主流派から、「家父長的な社会の支配構造を象徴する性の商品化を正当化しようとしている」と批判された。尊厳死・安楽死の権利を主張する議論は、障害者など身体的弱者の権利擁護を訴えるバイオエシックス系の左派から、「寝たきりになって、意志表示が困難な人たちに対して、自殺を強いる経済的効率優先の論理だ」と非難されている。

いずれにしても、「自己決定」をめぐる問題は、個人の内面における価値観、自分にとっての「正しい生き方」のイメージと深く関わっているので、いったん論争のテーマになると、なかなか収束しない傾向がある。プライベート（私秘的）な事柄に関する「自己決定」というのは、その定義からして、主観的な問題なので、法的・政治的に決着を付けにくいのである。

第5章

精神的な「自由」

✣「心の中」の自由

前章の最後の方で、日本のフェミニズムの主流派や、生命倫理系の人権派が、それぞれの文脈で「自己決定権」に反対していると述べた。彼らの中で特に〝過激〟な人々は、「自己決定権」は、弱者を容赦なく切り捨てる新自由主義の論理の隠れ蓑にすぎないと生き生きと叫ぶ。では、「自己決定権」に徹底して反対する彼らは、援交をやっている女の子や、難病のために尊厳死を求めている人たち（やその身内）は、判断能力が弱いので、パターナリスティックに介入して導いてやらねばならない、と表立って主張しているかというと、そういうわけでもない。彼らは、自分たちがパターナリズムを求めていることを否定する。また彼らの多くは、思想的に「左」なので、自分たちは古き善き共同体的価値観を復活させるつもりで自己決定権に反対しているわけでもない、と言う――尊厳死や臓器移植の問題で、左翼が「自己決定権反対」の急先鋒になっているのは日本的な現象であり、欧米ではむしろ、キリスト教右派などの保守層が、生命倫理関係での「自己決定権反対」運動をリードしている。

「自己決定権反対」論者たちは、現在、「自己決定権」と呼ばれているものが、その名称とは裏腹に、当事者たちの自由＝〝自己決定〟の範囲を狭め、不自由な状態に置いて苦しめている、と考えている。彼らは、〝真の自由〟の実現のために、偽の〝自己決定＝自由論者〟と闘っていると自認している。「社会的弱者」を「代弁」あるいは「代表」する形で展開される「自己決定権反対＝真の自由擁護」論は通常、「社会的な弱者は、文字通り弱い立場に置かれているため、本心で望んでいることを言えず、自分の意に反したことをやらされて苦しんでいるのに、自己決定論の連中はそれを逆手に取って、彼らが自分の意志で行動しているかのように取り繕っている」という前提の下で、〝自己決定論〟の欺瞞を暴くという形を取る。

援交、売春、ＡＶなど「性の商品化」問題を例に少しばかり具体的に考えてみよう。こういう問題での〝自己決定権〟論を批判する主流派フェミニスト――わざわざ主流派と言っているのは、全てのフェミニストが「性の商品化」を単純に罪悪視しているわけではないからである――の前提は比較的はっきりしている。あらゆる「女性」は、少なくとも心の奥底では、自分の身体を大事に思っており、男たちの欲望を満たすための売り物にしたいなどと積極的に望んでいるはずがない、という前提だ。にもかかわらず、あたかも自ら望んでいる〝かのように〟、そうした業界に入っていって不幸になっていく女性がいるのは、大まかに分けて、①女性を取り巻く極めて不利で抑圧的な社会的状況があるため、自らの本当の意志を表明することが許されていない、②そうした女性にとって不利な環境の中で育ち、生きてきたせいで、自分の行為が自分を（そして他の女性を）苦しめるということが分からなくなっている——のいずれかだと考えるわけである。

フェミニストの主流派は、そうした〝不利な社会状況〟を根本的に改善して、男性と対等にならなければ、女性が自分の〝本当の意志〟を表明し、その〝意志〟の通りに「自由」に行動できないと考える。そういう〝根本的な改善〟がなされていないにも関わらず、「性的自己決定権」という言葉で現状を肯定すれば、フェミニズムのこれまでの努力は無になり、女性の人権は抑圧され続けることになる。〝自己決定論者〟は、それを分かっていて、女性の人権抑圧の恒久化を目論む確信犯であるか、それとも、見せかけ上の〝自己決定〟を強いられている女性たちの悲惨な状況について根本的に無知なのか、いずれかに違いない、という話になる。

〝自己決定権〟批判は、大体、このパターンになる。尊厳死についての自己決定権批判であれば、「尊厳死を望んでいるかのような言動をすることもあるが、それは彼らが、身内や医療関係者に依存しなければ生きていかれない状況に置かれていて、〝生き続けたい〟という意志を自由に表明できないからである。あるいは、あまりにも苦しくて、自分の言動の本当の意味を分からなくなっているからである。そういう患者の弱みに付け込んで、自己決定権という美名の下に、厄介払いしようという連中はけしからん……」という感じになる。ＤＶの夫の下に留まるという〝自己決定〟をしている妻とか、ニートになることを〝自己決定〟した若者などについても、同じように言える。妊娠中絶することを〝自己決定〟している女性の問題は、フェミニスト側からだけでなく、妊娠中絶を罪悪視する保守派の側からも提起することができる。

また、プライベートな領域における自己決定権の問題以外でも、地方の住民自治とか、民族の自決（自己決定）など、集団的な「自己決定」についても同じような形で、〝自己決定〟批判を展開できる。米軍基地とか原発とかゴミ最終処分場などの迷惑施設の受け入れを〝自己決定〟する地方の住民について、「それは苦しい状況下での苦渋の決断であって、本来の自己決定ではない」と言うことができる。家父長的な制度を保持することとか、一党独裁とかを〝自己決定〟した民族についても、そうせざるを得ない、余人には伺い知れない事情があるのだ、と言える。いずれの場合も、表面的な〝自己決定〟とは異なったところに、当事者の〝真の意志〟があるので、前者ではなく、後者の方が実現できるようにしなければならないのである。

遡って考えてみると、こうした「〝真の意志〟→〝真の自由〟」論法の西洋思想史における起源は、「解放＝自由化」の思想であるマルクス主義にある。既に述べたように、マルクス主義は、生産財を持たない労働者には実質的に「契約の自由」はないという前提に立って、搾取論を展開する。労働者と資本家の間には一応、両当事者の〝合意〟に基づく「雇用契約」があるので、労働者は見かけ上、「自己決定」によって工場で辛い労働をしている。経済的自由主義の立場からすれば、「自己決定」に基づくことなので、第三者が外からとやかく言ういわれはないが、マルクス主義の視点に立てば、そのような〝自己決定〟論は、「本当は資本家の支配下で働きたくなどない」という彼らの〝真意〟を隠蔽するものである。生産手段の私有化が終焉し、共産主義社会が実現する〝前〟に、労働者が「労働」問題に関して自己決定できるはずがないので、労働契約における自己決定の正当性を吹聴する自由主義思想は、ブルジョワジーによる階級支配（搾取）を恒久化しようとするイデオロギーに他ならない、ということになる。

現代日本のサヨクたちが、「自己決定」という言葉を、新自由主義のイデオロギーの産物であると見做して、全面否定するかのような議論をするのは、こうしたマルクス主義の搾取論の影響を――多分自分でも知らない内に――受けているからである。彼らに言わせれば、「自己決定」及びこれと対になっている「自己責任」という言葉は、弱肉強食の市場原理主義の犠牲となり、〝負け組〟の非正社員として搾取される日々を送っている人々の辛い境遇を、自業自得なものと見做し、彼らのための福祉予算を切るためのマジック・ワードである。「自己決定—自己責任」という言葉が使われれば使われるほど、弱者の切り捨てが進む、ということになる。市場原理主義を克服し、人々を資本の呪縛から解放するまで、真の〝自己決定〟はありえないのである。

ラディカルな「左」と「右」は、こうした究極の「解放」という視点から、「自己決定」を批判することができるが、「自由主義者」を名乗る人は、そういう態度は取りにくい。別に「自由主義者」が全て、資本家の手先であるとか、男性中心的なマッチョな発想をしているからではない。「自己決定」して「自己責任」を取るというのは、あらゆる近代「自由主義」の最も基本となる考え方なので、古典的自由主義者やリバタリアンのような強い主張をする人たちだけでなく、ロールズ流のリベラルのような穏健派でも、「自己決定」を全般的に否定するのは難しい。

通常の意味での「自由主義」は、当人たちが「これが私の自由意志に基づく自己決定だ」と自己申告したものを、諸個人の「自由」を制度に反映させるための議論の前提にする。「そういう表面的な自由意志の背後に、隠れた真意は何か?」というような問いかけをしないし、ましてやその〝真意〟を、どうやって引き出すかを考えたりしない。そういうことを試みれば、当人の「心の中」という究極の「プライバシー」に踏み込むことになってしまいかねないからである——実際に踏み込めるかは、別の問題だが、それは次の章で論じることにする。

近代の「自由主義」には、人間の「自己決定」について、表面／深層の区別を立てて、「時間」をかけて深層を浮上させるというような発想はない。あくまでも「現在」の時点で、「表面」に出ている「決定」を基準に考える。ロールズのように、時間の経過の中での諸個人の意志の変化の可能性を見込んだ理論もあるが、その変化に「自由主義」自体が積極的に介入して、正しいゴールに誘導すべきだ、というような話にはならない。そこが、一定の〝歴史的プロセス〟を通しての、真の解放（＝自由化）を目指すラディカルな思想との決定的な違いである。

✣「心の自由」と「体の不自由」

このように、〝自己決定権〟批判の側から話を進めていくと、私（＝仲正）がそうした批判を半ば受け入れて、「自由主義の限界」なるものを指摘しようとしているような印象を読者に与えるかもしれないが、そんなつもりはない。曖昧な言い方に聞こえるのは承知だが、本当に「どっちもどっち」だと思っている。社会的に不利な立場にある人が自己申告する〝自己決定〟を、真に受けてしまうのはどうかと思う。かといって、他人には伺いしれない、場合によっては、本人にさえも分かっていないかもしれない〝本当の本音〟なるものを最初から設定して、そこに照準を合わせて、解放の理想を掲げるのも妙な話である。やりすぎれば、間違いなく、マインド・コントロールになる。

要は、〝自己申告による自己決定〟をそのまま真に受けるのでも、〝本当の本音に根ざした自己決定〟を無理に引き出すのでもない、〝中間的な態度〟を保持すればいいわけであるが、それが具体的にどういうことを意味するか真面目に考えると、非常に難しい。強引な誘導をやらないでも、各人の〝本当の本音〟が浮上してくるのであれば、それに越したことはないが、様々な物質的・社会的制約がある現実の世界において、「私は本当は何をしたいのか？　どうなりたいのか」を絶対的な自信をもって表明できる人間はほとんどいない。

難しいと言うだけでは、しまらないので、最終章になる次章で、「自由」をめぐる現代思想的な議論を参照しながら、少しばかりヒントになりそうなことを言おうと思う。ただ、その前に、西欧思想史における［現時点での自由 vs.真の解放］の問題系を、その原点であるキリスト教の自由意志論にまで遡って考えてみたい。キリスト教系の自由意志論は、様々な形で、「自由」をめぐる現代的な論議にも影響を与えている。キリスト教とはほとんど関係ない日本人の論者にも、これまであげてきたような思想家を介して影響を与えているはずである。

詳しくはキリスト教関係の基本文献で調べてほしいが、キリスト教の『新約聖書』は、名目上は、イエスの教えと、それに基づく弟子たちの言動を中心に物語られているが、当然のことながら、十字架にかけられた教組イエス自身が書いたものではない。そもそも『新約聖書』は、イエスとその直接の弟子たちが使っていたはずのアラム語ではなく、ギリシア語で書かれている。ギリシア語を話すことのできる、イエスの死後にできた弟子たちが、イエスと使徒たちに纏《まつ》わる口頭伝承を書き留めたものである。その中で特に重要な役割を果たしたとされるのが、ローマ市民権を持っていたユダヤ人であるパウロ（紀元後頃－六〇頃）である。パウロは、イエスの教えを、ギリシア哲学の概念によってアレンジし、ローマ帝国の知識人の間に布教しやすくしたとされている。パウロの考えがよく現れているとされる「ローマ人への手紙」では、「私」の中で二つの法則が葛藤しており、「私」は、自分の〝本当の心〟通りに自由に振る舞えないと述べている。

わたしの内に、すなわち、わたしの肉の内には、善なるものが宿っていないことを、わたしは知っている。なぜなら、善をしようとする意志は、自分にあるが、それをする力がないからである。すなわち、わたしの欲している善はしないで、欲していない悪は、これを行っている。もし、欲しないことをしているとすれば、それをしているのは、もはやわたしではなく、わたしの内に宿っている罪である。そこで、善をしようと欲しているわたしに、悪がはいり込んでいるという法則があるのを見る。すなわち、わたしは、内なる人としては神の律法を喜んでいるが、わたしの肢体には別の律法があって、わたしの心の法則に対して戦いをいどみ、そして、肢体に存在する罪の法則の中に、わたしをとりこにしているのを見る。（『口語訳　聖書』日本聖書協会：「ローマ人への手紙」七章一八－二三節）

ここで焦点が当てられているのは、「体」と「心」の分裂である。「体」の方に宿っている本能的なものが働く法則と、「心」の中の法則とが対立していて、まるで別の〝もの〟であるかのような様相を呈している、ということである。「哲学史では、こういう考え方を心身二元論という。プラトン（紀元前四二八－三四八／三四七）が、地上における仮の世界と、イデアの本質的な世界を分けて、体と魂をそれぞれに対応させたのが、その始まりだとされているが、パウロがそれをキリスト教の教義と結び付けたことで、西欧の思想史に深く定着したとされている。

引用から分かるように、体の法則の方が悪しき罪の法則で、心の法則の方が「善をしようとする意志」の働きである。「罪」という言い方をすると、ぴんと来ないかもしれないが、レイプしたいとか、暴力をふるいたい、麻薬のようなものの快楽に耽《ふけ》りたい、といった不埒な願望の心などを念頭におけば、分かりやすくなるだろう。当然、「心」の方が「私」の本体であり、「心」が求める善きことが、「私が本当に求めているもの」であって、罪の法則が求めているものは、「私が本当に求めているもの」ではない。「私」の本来の意志とは別に、「体」が勝手に求めているのである。

パウロの理解では、従来のユダヤ教の律法は、体の法則を抑えるものではあったが、心の法則を引き出して、積極的に善を行なわせるものではなかった。イエスの教えは、我々の体が罪の法則に囚われているのは仕方ないことだとして、心の法則を強めることを目指したものである。善をしようとする心の意志が、「罪」の法則によって邪魔されているとすると、「心」は自らが思ったように、体を使って善を行なえないので、〝不自由〟であるということになる。我々が地上での身体を伴った生活を続ける限り、我々はこの〝不自由〟に囚われ続けることになる。パウロは、キリストであるイエスによってもたらされる救いとは、この体の罪の法則ゆえの〝不自由さ〟から「解放」された、「自由」な状態であると考える。

こうした前提で考えると、「私」の体の罪の法則が求めていることをストレートに実現することは、「私の本当に求めているもの＝善」をなしたことにはならない。その逆に、私の〝不自由さ〟を証明したことになる。ある人が罪の法則に負けて、性欲とか暴力衝動などを、〝自分自身の欲求〟として口にしてしまったとしても、それを真に受けるのは、本人のタメにはならない。その人物の本質である「心」を救うためには、そういう罪の法則に根ざした表面的な願望を抑えて、「本当に求めているもの＝善」を実現するよう勇気づけてやる必要がある、ということになる。

パウロによって定式化されたキリスト教の教義は、自分で自分のことを制御できない罪人のために、「心が真に求めるもの＝善」へと導いてやるという極めてパターナリズム的な性格を持っている。というより、〝自己決定〟を信用しない、パターナリズム的な思想の原点は、キリスト教にあったと言った方がよいかもしれない。中世のキリスト教会が、諸個人の行動の自由をあまり認めず、教会権力の支配下に留めおこうとしたのは、罪の法則に囚われている普通の人間には「心が真に求めているもの＝善」を自力で実現する能力がない、という前提があったからである。

キリスト教会に批判的立場を取る者にとっては、「心の方が重要なのであれば、どうして体の自由を縛ることに拘るのか？　それでは律法に拘ったユダヤ教と同じではないか？」という当然の疑問が出てくるところだが、西欧キリスト教の歴史では、とにかく「罪の法則」を抑えることが、〝真の自由〟に繋がるという考え方が長いこと支配的だったのである。

✣「自由意志」論

パウロの心身二元論をもう少し哲学的に洗練し、善を求める心の法則は、本当の意味での「自由」であるという論理を構築し、西欧キリスト教思想圏に定着させたのは、世界史の教科書にも出てくる教父アウグスティヌス（三五四－四三〇）である。彼によって、キリスト教神学における「自由意志論」が確立された。人間の心、魂の根底には、身体の欲望＝罪に抗して、善を成し遂げることのできる「自由意志」があるという理論である。

この理論は、「神が愛の神であり、愛ゆえに人間を作ったのなら、どうして、人間の肉体に罪の法則を宿らせるようなことをしたのか？　人間に肉体が必要だとしても、心の法則の方を肉体の法則よりもずっと強くなるように創造したら、良かったではないか？　本当は、神は人間を、心と体の葛藤で苦しませるサドなのではないか?」というクリスチャンにとっての素朴な疑問に答えるために必要だったわけである。これにうまく答えられないと、神自身の内に、「罪」の起源があるということになりかねない。無論、「神は人知を超えている。人間の尺度で神を推し量るな!」と高飛車に言って、疑問を封じる手もあるわけだが、それをやらないで、丁寧に答えようとすると、自由意志論のような形で説明する必要が出てくる。

周知のように、旧約聖書の冒頭には、アダムとイブが、(堕落した天使を象徴する)「蛇」の誘惑に負けて、堕落し、エデンの園から追い出される、というエピソードが出てくる。キリスト教では、アダムとイブの子孫である我々は、彼らの罪に起因する原罪を負ったことになっている。まだキリスト教徒の信者になりきっていない者であれば、当然、「どうして親の罪が子に及ぶのか。遺伝のようなものだとしても、そもそも神が人間を含めて全てのものを創ったのだから、最初から、誘惑に負けない強い心を与えておけばよかったではないか?」と反発する。そこでアウグスティヌスは、神は人間を愛しているがゆえに、罪を犯すことも、犯さないこともできる「自由意志」を与えたという説明を試みる。人間を、神の決めた「法則」にただ従うだけの、意志のないロボットのような存在ではなく、主体性をもって判断できる存在にした、というのである。

彼の主要著作である『神の国』（四一三－四二六）を見ると、神は、他の被造物と違って、知性的な存在として創られた天使と人間には、「自由意志」を与えた、という見解が示されている。

はじめに世界をつくり、可視的なものであれ、可知的なものであれ、すべての善きものでもって満たしたのは神である。世界において神が立てられたもののうち、霊的なものよりも善いものはない。神はかれらに知性を与えて、かれらを神を観照する才能と能力のあるものとし、かれらを一つの社会のうちに結び付けられた。（……）神はこの知性的本性に自由意志を与えられたが、そのため、かれらがもしも選ぶなら、神をすなわち自分の至福を捨てて、ただちに悲惨がつづくということがありえたのである。神は、天使たちのある者がその高慢によって自分の力だけで至福の生を欲し、大いなる善を捨てるであろうことを予知されたが、それにもかかわらず、かれらからこの能力を奪い取ることをされなかった。神は悪の存在を閉め出すよりも悪しきものからさえ善きものをつくることのほうが、より強力でより善いことだと判断されたからである。

（……）

神は人間自身をも同じように自由意志をもつ正しいものとしてつくられた。人間はたしかに地上の動物ではあるが、自分の創造者に固着するならば天にふさわしいものとなり、もしも創造者を捨てるならば、その本性に合致する悲惨が天使のばあいと同様、伴うのである。神は、人間が神の法に違反して神を捨て罪を犯すであろうことを予知しておられたが、天使のばあいと同様、人間から自由意志の力を奪いとることはされなかった。神はそれを予知すると同時に、神がその悪からも何らかの善をつくるであろうことを予見されたからである。（服部英次郎・藤本雄三訳『神の国（五）』岩波文庫、一九九一、三六八－三六九頁）

キリスト教では、アダムとイブを誘惑して罪を犯させた蛇の正体は、自らも堕落した天使であるという解釈がわりと一般的である。堕落した天使＝悪魔という話は、ハリウッドのホラー映画などでもよく出てくる設定だが、これもよく考えたらヘンである。神が「善」を為すための助け手として創造した天使たちが、何故、神の意向に反して、「悪」の権化になったのか、なかなか説明がつかない。

しかし、知性的な存在である天使や人間に、「自由意志」を与え、自分の意志の力で「善」を選ばせるようにした、ということにすると、それなりに説明がつく。自らの「自由意志」によって「善」を選ぶことを通して、天使や人間は、自らが神によく似た善なる存在であることを証明することができる。無論、「自由意志」を与えると、〝自由〟ゆえに罪を犯して、悪の化身になってしまうリスクもあるわけだが、その「自由意志」によって、自らの陥っている「罪」の状態を克服し、再び神の「善」を指向するようになれば、神との絆は更に強まることになる。

一見、難しい神学的な議論のようだが、基本はそれほど難しい話ではない。大きな悪事を犯してしまった人間が、悔い改めて聖人になったという話を聞くと、もともと完璧な善人だった人が、ずっと〝いい人〟のままでい続けるという話よりも、遥かに感動的に聞こえる。もともと悪人だった善人の方が、その「善」に深みがあるように思えるのである。神は、たとえ天使や人間が罪を犯したとしても、自分の力でその罪を善へと反転させ、最後により大きな感動をもたらすよう密かにお膳立てしていた、というわけだ。

こうした神のお膳立てがうまくいくことの根拠として、アウグスティヌスは、「自由意志」には、二つの異なった位相が含まれていることを指摘する。善／悪のいずれを選ぶこともできるというレベルと、たとえ罪に囚われたとしても、心の底ではやはり「善」を選ぶことができるというレベルである。後者の意味での「自由意志」、いわば本来の「自由意志」があるおかげで、キリスト教のような宗教を布教して、〝真の自由〟に目覚めさせようと努力することに意味が出てくるのである。

ところで、かれらが罪のうちにあって喜ぶことができないという事実は、かれらが自由意志をもたないということではない。むしろ、意志は、罪を犯すよろこびから解放されて、罪を犯さないことのよろこびへと固定されたときのほうが、いっそう自由である。じっさい、人間が最初に正しくつくられたときに与えられていた最初の意志の自由は、罪を犯さないことのできる能力であったが、しかし罪を犯すこともできたのである。しかし、この最後の自由は、罪を犯すことができないということによってより力あるものである。これもまた神の賜物の結果であって、自然本性の可能性によるのではない。（『神の国（五）』、四九〇頁）

「最初の意志の自由」というのは、ある選択肢を前にして、〝自分の好きな〟方を選ぶということができるということであり、我々が普通「自由」と呼んでいるものである。この自由には、当然、罪を犯して自業自得で不幸になる〝自由〟も含まれる。何らかの客観的な基準による「善／悪」とは直接的には関係ない、（その瞬間の）自分にとっての良し悪しによって、行動を選択する〝自由〟だといってもよい。それに対して、「最後の自由」というのは、そうした選択の結果として罪の状態に陥ったとしても、改心することを通して、その罪の苦しさから最終的に解放（＝自由）され、もはや「罪を犯すことができない状態＝本来の自分」になることを意味する。パウロ＝アウグスティヌスによって確立されたキリスト教の教義では、「罪の歴史」の最後において、（自らの身体に宿る罪の誘惑に抗ってきた）信仰者たちは、キリストの愛によって救済され、「最後の自由」に到達することができるとされている。これは、マルクス主義などの「解放」の論理に通じる〝自由〟である。

この二つの〝自由〟が、個々の人間の「自由意志」として一体になっているという前提に立つことで、キリスト教は、「人間は、神によって本来的に自由な存在として作られた。しかし、人間は罪を犯してはならない。それは、自分自身を不自由にしないためである」という、信者でない人間にとっては、分かるようで実はよく分からない不思議な教義体系を構築することができたのである。

❖アウグスティヌスからルターへ

中世において世俗の権力と結び付いて、信者の生活を公私全般にわたって支配する権威を獲得したカトリック教会は、パウロ＝アウグスティヌスより受け継いだ「原罪」と「自由」という二つの観念の内、前者のみを強調し、後者はあまり前面に出さなくなった。アダムとイブの子孫である全ての人間は、原罪を受け継いでいるので、神より本来与えられた「善」の本性を発揮できず、下手に動き回ると、余計に罪を重ねることにしかならないので、自らの〝自由〟をやたらに主張したりせず、禁欲的に生きるべきだと、説くようになったのである。いわば、「自由（意志）」の封印である。

「自由」を封印して、原罪の方ばかり強調するようになった現実的な理由は簡単である。その方が、信者をコントロールしやすいからである。信者が一人一人勝手（自由）に、神による救いを求めるようになったら、神、そして神の御子であるイエスの教えを、一般民衆に伝達する教会の立場はなくなる。それに対して、「人間は罪人なので、自分の自由意志で善をなそうとしても、ほぼ間違いなく失敗するので、教会の指導に従って生きている方がいい」ということにしておいたら、教会は権威を保ち続けることができる。カトリックは、「教会の言うことをきいて、地上で禁欲的な生活を送った後、天国へ入れた時点で初めて『自由』になれる。言うことをきかなかったら、地獄に落ちて永遠に苦しみ続ける」という教義体系を作って、信者たちをしっかりマインド・コントロールするようになった。

こうしたカトリックによる、原罪の恐怖と自由の約束をちらつかせての精神支配は、世俗の君主たちにとっても好都合であった。民衆や下級貴族などの生活をがんじがらめに縛って、既成の秩序に逆らおうとしない従順な人間に仕立て上げることができるからである。教会の権力要求が増大して、皇帝や国王と直接的に対立するようになったらまずいが、良好の関係を保つことができるのであれば、教会がマインド・コントロールを担当してくれていた方がいい。パウロとアウグスティヌスは、「カエサル（皇帝）のものはカエサルに、神のものは神に」という福音書の言葉を根拠にして、地上における世俗君主の支配と、霊の世界における「神の王国」の二元体制を是認する「二王国論」を展開したことでも知られているが、これもまた、世俗君主たちには有利であった。自分たちの世俗の支配と、教会の教えとの間に必ずしも整合性がないことを正当化しやすいからである。

こうした教会権力と世俗権力の癒着に起因する、様々な腐敗の横行に憤慨したルターは第二章で述べたように、『キリスト者の自由』を著し、キリスト教の信者は、自分以外の何かの権威に依拠しながら、神の救いを求める必要はなく、万人は信仰において「自由」であることを強調した。ルターはこの論文の冒頭に近い部分で、人間はもっぱらその精神において「自由」であるという、パウロ、アウグスティヌス以来の議論を再説している。

さてわれわれは内的な霊的な人をとり挙げて、これが義しい自由なキリスト者であるか、またかようにキリスト者と呼ばれるのに何が必然であるかを見よう。そうすると外的なものは何と呼ばれているにしても、決して人を自由にすることもないし義たらしめることもできないのは明白である。なぜかといえば人の義も自由も、またその反対に悪も束縛も、これらは何れも身体的でも外的でもないからである。身体が束縛されないで強壮且つ健康であり、思うままに食らい飲み生活したところで、そのことがたましいに何を益するだろうか。反対にまた身体がその意に反して束縛され、病み疲れ、飢え渇き、悩み苦しんでいるとしても、このことがたましいに何の損失をもたらすであろうか。これらのことはたましいにまで深く影響して、これを自由にしたりまたは束縛したり、これを義としたりまたは悪くしたりすることの絶対に可能なものではないのである。（石原謙訳『新訳　キリスト者の自由』岩波文庫、一九五五、一四頁）

ルターが、「自由」はもっぱら魂の問題であり、身体の状態とは関係ないことを改めて強調したのは、カトリックの権威を破壊しようとする彼の戦略と不可分に結び付いていた。先に述べたように、カトリック教会は、教会で定めた各種の儀礼への参加を義務付けると共に、信者の生活に様々なタブーを設定し、手取り足取り〝指導〟することで権威を保ってきたが、ルターに言わせれば、それは全て「身体」に関わることで、魂における「キリスト者としての自由」とは関係ない。そういう余計なものを押し付けて、信仰の本質から目を背けさせる教会など、いらないということになる。ルターの教義では、身体を縛って、罪を増やさないように注意することではなくて、「自由」な精神によって神を求める方が重要なのである。

こうしたルターの教えは、カトリックの権力を、世俗の権力から分離して、弱体化させ、勢力範囲を縮小させることには大きく寄与した。ただし、ルターは、「魂の自由」にのみ専念するという立場から、二王国論をカトリック以上に厳密に踏襲する路線を取ったので、カトリックから離脱したプロテスタント系の君主にとって、彼の教えは非常に使い勝手のよいものであった。また一七世紀、一八世紀の市民革命を経てできあがった市民主導の近代国家において、政教分離の原則が徹底されるようになったのも、「魂の自由」の問題を世俗の政治から隔離しようとしたプロテスタント思想の浸透と不可分に結び付いていると見ることができる。

ルター系のプロテスタントにとって、「自由」はもっぱら「内面」の問題だったのである。この発想は、この後に述べるカントなどの哲学にも影響を与えることになる。カントが生まれ、育ち、活躍したプロイセン王国のケーニヒスベルクは、プロテスタントの文化圏に属しており、カントの哲学にプロテスタント神学的な要素が強く反映されていることは、多くの研究者が指摘している。

❖カントの「自由意志」論

パウロ―アウグスティヌス―ルターの「自由」論は、キリスト教の信仰を前提にするものだったが、必ずしも信仰を前提としていないはずの、西欧近代の哲学も、この発想を部分的に継承するようになる。体が求めているものをそのまま実行することではなく、精神がその根底において求めているものを実行することこそ、〝真の自由〟であるという考え方である。ルネサンス以降、各自に備わっている人間本性通りに〝自然に〟振る舞うことこそ、人間にとっての本来的な自由だとする思想が次第に台頭してきたが、そうした傾向に抗して、あくまでも「精神における自由」に拘る思想の系譜もあった。その最も代表的な論者は、カントであろう。

カントにとっての「自由」というのは、「私」の身体が属する自然界の法則、つまり各種の物理的な因果関係の連鎖から解放されて、「理性」の純粋な命令に従っている状態である。私の身体は、食欲、眠欲、性欲などの自然な欲求を満たそうとするが、そういう欲求のままに体を動かすのは、物理的な因果法則に従って、機械的に運動するのと同じことである。獣が目の前の餌に本能的にかぶりついたり、石が坂から転がり落ちたりするのは、自然なことではあるが、そこに精神的な「自由」が働く余地はない。カントにとっての「自由」とは、「理性」によって自らの振る舞いを制御することができる存在にとってのみ意味のあることである。（人間の精神における）「自由」とは、物理的な因果法則を越えたものであり、（物質である）身体と外界との物理的な相互作用によって左右されないはずだ。

近年、脳科学の発達によって、人間の脳内での思考過程の機械的なメカニズム、情報伝達回路がかなり解明され、「自由」の入り込む余地があまりなさそうな様相を呈しつつあることに対して多くの哲学者が危機感を感じ、脳科学者たちに対して、「脳内の物質的プロセスvs.物質的プロセスを越えた精神の自由」論争を展開している。こうした拘りを持っている哲学者たちは、広い意味でカントの影響を受けていると言える。カント主義者にとって、精神における「自由」は、物質である脳内での運動には決して還元されないものである。

ただ、人間が理性的な存在であるといっても、同時に身体を持った存在でもあるので、純粋に「理性」にだけ導かれて行動するということはなかなか難しい。「理性」に従っているつもりでも、物質的な利害関係によっていつのまにか誘導されていることはしばしばある。例えば、「学問して真理を探求しよう」という欲求は、一見すると、物理的な因果関係を越えた純粋な理性の命令であるかのようにも見えるが、その裏側に、有名になりたいとか、人前で格好をつけたい、学者としてのキャリアを積みたい……などの不純で現世的な利害関係が絡んでいるかもしれない。逆に言うと、その人物にとっては、そういう利害関係がないと、「真理探求」に価値を見いだすことができないかもしれない。カントは、何らかの物質的あるいは社会的な欲求を満たすために、自らの行為を制御しようとする不純な行為規範を、「仮言命法」と呼び、それは本来の道徳的な命法ではないという見解を示している。

例えば、或る人に向かって「年をとって生活に困らないためには、若いうちに働いて倹約せねばならない」と言うならば、これはこの人の意志に対する一個の適切でしかも同時に重要な実践的指定である、しかしこの場合に、意志には欲求の対象として、「意志の必然的根拠とは」別の何か或るものが前提されていて、意志はこのものを実現するように指定されていることは、我々の直ちに看取し得るところである。それにまた我々としては、かかる欲求を当事者自身の意志に委ねざるを得ない、つまり彼が、自分で築いた財産のほかに、何か別の財源を見込んでいるのかどうか、彼は自分が年をとって生活に困るなどということを思っても見ないのかどうか、また老いて困窮した場合にも、それなりになんとか遣り繰りしていけると考えているのかどうか、などということは彼の一存にまかされているのである。（波多野精一・宮本和吉・篠田英雄訳『実践理性批判』岩波文庫、一九七九、五〇頁）

ここで例になっている「若い内に働いて倹約せねばならない」という命法は、「年をとって生活に困らないようにすること」を目的にしており、それ自体として「善い」ことだと「理性」が理性自身のみを根拠にしているわけではない。しかもこの目的自体も絶対的なものではない。何か別の財源があるとか、将来のことはあまり心配していないというようなことであれば、目的として有効ではなくなる。当然のことながら、私は、端的に「善いこと」をしているという確信を持てるはずがない。

ホッブズの「理性」観であれば、物理的な因果法則の支配する世界におけるわが身の安全を守ること＝自己保存こそ、「理性」の最大の働きであるが、カントの「理性」観では、我が身を物理的に保存することなど問題にならない。カントに言わせれば、自然界の物理的な作用に左右されるようなものは、人間の「理性」が求めるものではない。「君の意志の格律が、いつでも同時に普遍的立法の原理として妥当するように行為せよ」(同右、七二頁)という有名な定式から分かるように、理性は、我が身が現在置かれている物理的な状況とは全く関係なく、いついかなる場合にも「これが正しい」と言い切れるようなことをなそうする。それが定言命法である。定言命法には、「Xしたいなら、Aせよ」という条件文の形を取ることなく、「(Aは端的に善いことなので)Aせよ」という絶対命令文の形を取る。

「理性」は、物理的な欲求から完全に解き放れ、自らがこれからなそうとしている行為の是非を、〝自分自身〟のみを頼りにして判定するという意味で「自由」であり、そうした「自由意志」は「善」のみを志向する。専門家に怒られることを承知でやや大雑把に言うと、カントにおいては、[理性の本質≒自由≒善]なのである。

自由と道徳法則というこの両概念は、不可分離的に結合されているので、我々は実践的自由を定義して、――意志は、道徳的法則以外のいかなる法則[自然法則]にもまったくかかわりがない、と言ってもよいからである。(『実践理性批判』、一九二頁以下)

「自由意志」と「道徳法則」が不可分に結び付いているというのは、直観的には分かりづらい話だが、「責任」という側面から考えると、少しだけ分かりやすくなるかもしれない。我々は、犬に噛みつかれたり、馬に蹴られたりすると、腹が立つが、犬や馬に道徳的な「責任」があるとは思わない。犬や馬は、自然界の法則として与えられた本能に従って動いているだけで、物理的な［刺激→行動→刺激→行動→……］の連鎖を越えて、自分で善し悪しを判断して、自らの行動を選択する「自由」があるとは考えられないからである。刑法で、心身喪失状態の人とか、幼い子供の刑事責任を問うことができないと定められているのも、そういう人間には、善／悪の判断によって、自分の行動を制御することができない、つまり動物並みの存在である、という前提があるからである。自らの「自由意志」に従って、行為するということは、その行為の帰結に対して「責任」を負うことを含意している。「責任」を、道徳原理の不可欠の要素と考えるなら、どうしても、「自由意志」の問題が出てくるわけである。

我々が知っている現代の法学や倫理学の多くは、「自由意志」と「責任」の関係を前提しているが、その場合の「自由」の意味をあまり厳密に突き詰めて考えることはない。中身をあまり吟味しないで、「実際に取った行為とは違う行為を選択できる可能性があったこと」＝他行為可能性を基準にしていることが多い。しかし、近代的な「自由意志」論の元祖とも言うべきカントは、「自由」を、自分の「理性」以外のいかなる外的な要因にも左右されないという極めて厳密な意味に取って、仮言命法のように、外的な条件に〝も〟依拠するものを、本来の道徳命法ではないとして排除したのである。ここまで厳密に突き詰めると、我々が日常的に〝道徳的行為〟だと思っているもののほとんどは、全面的に「自由」ではなく、従って、道徳的に不純だということになる。

無論、そうした私の絶対的な「自由意志」に基づく行為が、他者や社会に実際に利益をもたらすとは限らないが、カントは、そこはあまり気にしていないように見える。「これこそが私の自由意志に基づく、正しい行為だ」と、いついかなる場合でも主張できる基準（格率）があるか否かが肝心であって、その結果は付随的なことにすぎない。

❖かえって不自由？

このように「理性―自由―善」を一体で考えるカントの議論は、人間の精神における「自由」を厳格に定義するという点では、極めて一貫している。しかし一貫しすぎているせいで、使い勝手は非常に悪い。先に述べたように、我々が「これこそは間違いなく道徳的だろう！」、と思っているような振る舞いでも、「いかなる外的な条件からも自由に、自分の理性のみに依拠する」、という前提に引っかかってしまって、カント的な「善」及び「自由」から外れてしまうからである。

例えば、テレビのドキュメンタリー番組などで、僻地とか被災地、紛争地などでの医療に献身的に従事するお医者さんのことがクローズアップされることがよくある。「どうして、こういう大変なところで、そんなに嬉しそうに医療に携わることができるのですか？」、という記者の素朴な質問に対して、本人が「患者さんが喜んでくれる顔を見るたびに、生きる元気をもらえます。その喜びのことがあるので、辛いと思うことがあっても、どうしてもやめることができません」という答えをする。（それが本心であるのなら）この人は、無条件に善の人であろう、とほとんどの人は考える。しかし、カント的な基準で言うと、これは純粋な定言命法の形を取る、自由意志に基づく行為ではないので、道徳的であるとは言い切れない。「患者さんの喜んでくれる顔を見たい」という別の目的があって、仮言命法になっているからである。

我々の日常感覚的な常識では、地位、名誉、金、性欲など自分自身の直接的な物質的利害を目的とするのではなく、他人の利益を目的としているのであれば、十分に道徳的であるということになりそうだが、カントにあっては、そうではない。「『他人の喜んでいる』のを見て私が喜ぶ」というのも結局、私の利害である、というのがカント的発想である。別に、「他人に感謝してもらって、それで自己満足するのはよくない」というよくありがちの低次元な話をしているわけではない。相手が自分に対して感謝しているかしていないかにかかわらず、更に言えば、私がそれをやったということを知っているか知っていないかにかかわらず、どのような内容であれ、相手の反応によって、左右されるようなことが少しでもあれば、定言命法ではないし、純粋な「自由意志」に基づく行為ではない。自分の理性とは異なる〝外的なもの〟によって支配されていることになるからである。

カント的な［理性—自由—善］の基準を満たすには、その行為の帰結に対して一切心を煩わすことなく、他の存在がどう反応するかという予想には関わりなく、いわば外的判断基準の真空状態の中で、「私にとってこれが善だ！」と絶対的に言い切るしかない。これは、恐らく、我々が通常道徳と思っているものと真逆のイメージだろう。〝結果〟を気にしないのだから、カント的な自由意志のみに基づく行為が、社会にとって「良い」ことかどうか分からない。むしろ、そこまで自分（の理性）中心に徹するのだから、社会的な平和・秩序を乱し、周囲の人を泣かせるような結果しかもたらさないような気さえする。非常に危なっかしい話である。カント研究者として有名な哲学者の中島義道（一九四六－　）

は、カント主義者である自らのことを、しばしば「ならず者」と形容しているが、周りのことに構わず、純粋に「自由」に振る舞うことを常日頃から〝心がけ〟ていたら、「ならず者」にならざるを得ないだろう。

しかも、外的な帰結を——文字通りの意味で——一切気にしないというのは、どんなに自己チューな人間にとっても、至難の業である。我々は、何かの行為を意識的にするに当たって、常にその帰結を気にし、いい意味であれ悪い意味であれ、他人の顔色を気にしている。そのような気配りを一切捨象して、心頭を滅却した状態で善／悪を判断するというのは、「悟りを開く」というのと同じような話で、凡人にできることではない。日常感覚からすれば、恐ろしく〝不自由〟な話である。私（＝仲正）自身のように、中途半端に自己チューな人間は、いつも自分の周りを見回しながら行動するのが習性になっているので、「そういうあらゆるしがらみから自由になろう！」と、努力するのは、耐え難いことである。カント自身は決してそうするように示唆しているわけではないが、カント的な道徳＝自由法則に忠実に生きようとしたら、座禅でも組んで、外界から来る雑念を排して、心頭を滅却すべく修行しなければならないような気がする。日本の〝偉い哲学者〟で、カント主義者を名乗っている人間には、そういう修行的なニュアンスの人が多い——無論、ちゃんとした修行をしているとは思えないが。

当たり前のことだが、いくら激しい修行をしても、本当に、外界の影響から解き放たれて、カント的な「自由」にまで到達できたかどうかは、第三者的には確認しようがないし、本人にもよく分からない。自分では、内面から「自由」に湧き起こる「理性の声」を聞いたつもりになっていても、実は、どこかで仕入れてきた既成観念を、無自覚的に覚えていただけのことかもしれない。しかし、本人が純粋に「自由」な境地に到達したと思い込んでしまうと、修正が効かなくなる。「私は、自分の自由意志によって、Xを抹殺することが善だと判断し、実行することにした」と、どこかの宗教団体のようなことを言う人は、第三者的に見れば、自分を自由だと思い込んでいる狂人でしかないが、それがカント的な「自由」の在り方から明らかに逸脱しているとも言い切れない。この地上に生きている人間の中で、本当のカント的な自由を体験した者がいまだかつていたのか自体が疑問である。どっちみち、確かめようがないので、疑問を持つこと自体が無意味なわけだが。

このように現実世界の因果関係から完全に切り離されたものとして想定されているカント的な「自由」が、現実世界における道徳的な行動指針として、どの程度の意味があるのか、実際のところ、甚だ疑問である。カントを批判したがる哲学者が意外と多いのは、カント主義的な思考に撤したら、この世のどこにも「自由」の働く余地がなくなって、極めて窮屈なことになるからである。「カントは、現実的な行動指針を示そうとしたのではなく、あるべき道徳的行動を理論的に探求しただけだ」というような形で、擁護することもできないわけではないが、その場合でも、「『あるべき』であると客観的に言い切れる根拠は何か?」という問いが残る。自然界における物理的な因果法則とは全く別個に、諸個人の内面に、自由な道徳法則が〝ある〟ということがはっきり証明されないと、カントの議論は、単なるフィクションであるということになってしまう。

新カント学派のファイヒンガー（一八五二－一九三三）のように、カントの倫理学は、自由な道徳法則が〝ある〟という前提に絶対的に依拠しているのではなく、そういうものが働いている「かのように」振舞うことを提唱するものである、という解釈もある。〝ある〟「かのように」振舞うことによって、道徳規範のないアナーキーに陥ることを防ごうとするわけである。一応、理屈は通っているが、それだと、それが〝ある〟「かのように」振舞うことができさえすれば、「何でもあり」ということになりかねない。「ヒトラーのような独裁者に従うことが自由意志に基づく正義だ」というような無茶な〝道徳法則〟でも、人々がその法則の実在性を信じているかのように振舞うことができさえすれば、十分有効である、ということになってしまう。

またその逆に、「かのように＝虚構」だと分かってしまうと、それを信じて、行動しようとする強い動機はなかなか生まれてこないとも考えられる。恐らく、現代の日本人の圧倒的多数は、あるのかないのか分からない「自由な道徳法則」なるものに従っている〝かのように〟行動せよ、と言われても、全然ピンと来ないだろう。私自身も、自分の内にそういう道徳法則がアプリオリに〝ある〟とは思えないし、その〝ある〟と思えないものが〝あるかのように〟振舞おうという気にはならない。そういう法則があればいいのにと思うことはあるが、それはあくまでも単なる願望であって、行動規範ではない。

カントの「自由な道徳法則」に基づいて、人々を「善」なる行動へと具体的に動機付けるには、どうしても、全てを見渡すことのできる「神」に相当する存在が必要になる、と言われている。このことはカント自身も認めている。つまり、自然界における因果法則とは別個に、自由な道徳法則を制定し、人間が身体において前者に、精神（理性）において後者に従属するよう定めた「神」がいて、その「神」が人間の「自由意志」の動きを常に観察している、と考えるのであれば、カントの定言命法には十分に意味がある。しかし、そういう「神」がいないとすれば、あるのかないのか分からない「自由な道徳法則」を発見しようと努力するのは非常に虚しい話である。

また、自分の魂が、「神」によって――肉体の死を超える――永遠性を与えられていないとすれば、〝自由な道徳法則〟というのがあってもなくても、どうせ自分が生きているだけの間の話だから、墓に入るまで、周囲の人たちを欺き続けることができさえすれば、それで万事オーケー、ということになってしまう恐れもある。「〝いかなる自由意志に基づく道徳もない〟かのように振舞うことこそ、私の自由意志に基づく道徳だ」という屁理屈もあり得る。絶対的な客観性の根拠としての神がいなければ、「そういう開き直った態度はおかしい」、と言い切ることはできない。

それで「神」という観念が「必要だ」と言っているのであるが、カントは神学者ではないので、「神はいる」という前提に立つことはできない。いるのかいないのか分からないものが、「必要だ」と言わなければならないところにカント哲学のジレンマがある。

❖カント的な「自由」の意味

カントの「自由」論はやたらに〝不自由な〟感じがするうえに、信じるべき根拠も示されていないので、非常に使い勝手が悪い。全く実践向きではない。しかし、そういう実践向きではない、非常に観念的な議論が、多くの哲学者・思想家を魅惑してきたことには、それなりの理由がある。神によって、精神における「道徳的な自由の法則」が与えられているというキリスト教的な前提を完全に取り去ってしまえば、全ての出来事は、物理的な因果法則の連鎖にすぎず、我々は、因果法則によって定められた自分の運命から逃れることはできない、という恐ろしく絶望的な話になってしまいかねないからである。長い間キリスト教の教義があらゆる道徳の基準として通用してきた西欧世界には、「神」に相当する超越論的なものがなくなると、一挙に価値の真空状態が広がるのではないかという不安があったわけである。

しかも、自然科学が発達して、人間の意識の作用の仕方さえも、外界からの刺激に対応する脳の中の物質の運動、刺激に対する神経細胞の動きによって説明できてしまうのではないかという予測が高まってくると、「私」自体が物理的な因果法則に基づく物質の運動の複合的な産物にすぎないのではないか、という嫌な予感が生まれてくる。〝単なる物理的因果法則〟から強引に〝道徳らしきもの〟を導き出そうとしても、ホッブズのリヴァイアサンのように、「肉体的な死の恐怖から逃れたければ、とにかく国家権力に従え！」というような、なおさら絶望的な話にしかならない。

そこでカントは『実践理性批判』で、物理的な因果法則とは独立に作用する「自由の法則」の可能性を理論的に探求することを試みたわけであるが、結局のところ、そういう「法（則）」があるのかどうか客観的には確かめようがないし、たとえそういうものがあったとしても、生身の人間には苦しすぎて完全には使いこなせないだろう、ということしか分からなかった――としか私には思えない。ベタなカント主義者は、「自由」を厳密に定義したことがカントの業績だと主張することだろうが、その厳密に定義された「自由」が、現実には役に立ちそうにないのである。カントのことを多少知っている読者向けに、一応念のために言っておくと、カントは『人倫の形而上学』（一七九七）など、法や政治を扱ったいくつかの著作で、『実践理性批判』で定式化した「自由な道徳法則」を現実の制度に応用することを試みているが、あまり整合性のある議論にはなっておらず、カント・オタクの人たちも、その方面の議論はあまり重視していないようである。「自由」な道徳的行為は、外界の現実に左右されないという前提に立ちながら、「自由な主体」として振る舞える制度を作ろうというのだから、どうしても矛盾してしまう。

カント的な「自由」があまりにも、現実の人間の振る舞いから乖離することが分かると、彼の後に続く哲学者たちは、カントの純粋な「自由」の法則が支配する世界と、物理的因果法則の働く世界の間のギャップを克服することを試みるようになる。ヘーゲルは、「歴史」のプロセスの中で、様々な価値観や慣習を持った人々の間の葛藤を経て、理念としての「自由」が次第に「現実」化していくことを、これまでの人類史をなぞりながら証明しようとした。歴史の中に登場して、自らの権利を主張しようとする個々の主体には、人類にとっての「普遍的な自由」を目指すつもりなどなくても、（神に相当する）「絶対精神」

が、物理的因果法則の世界（＝現実）と、自由な道徳法則の世界（＝理念）が最終的に一致することを保証してくれている、というのである。こうしたヘーゲルの「歴史」観は、終末の時に、神に祝福された信仰者たちが、肉体における罪から解き放たれて、「自由」になるというパウロ＝アウグスティヌス的な救済史観を、信仰という要素を――一応――抜きにして焼き直したものと言われている。

そのヘーゲルを批判したマルクスは、神や絶対精神のような虚偽の抽象観念に囚われているからこそ人間は〝不自由〟になっているという視点に立ちながら、歴史のプロセスの帰結として、「現実」の世界が、カント＝ヘーゲル的な理念の世界を〝超克〟する形で、現実と理念の統合がなされると考えた。現実の世界において、いかなる観念にも囚われることなく〝自由〟に、つまり自らの（本当の）自然な欲求に忠実に生きられるようになることこそ、人間の真の解放＝自由化であるというのが、マルクス主義の基本的な考え方である。マルクス主義の階級闘争史観は、自らの階級にとって（だけ）の「自由」を実現しようとする階級相互の闘争の最終的な帰結として、「共産主義社会」という真の自由な世界が実現するというストーリーである。マルクス主義的な左派の「解放」論は、パウロ＝アウグスティヌス（＋ヘーゲル）的な「心における自由」論を、「身体における自由」論へと換骨奪胎したものだと見ることができる。

マルクス主義の「解放」は、精神ではなく、「肉体における自由」を目指しているはずであるにもかかわらず、マルクス主義の活動家＝左翼たちは、やたらに精神修行的である。マルクス主義の活動家たちは、キリスト教の聖職者のように、自己自身と人類の「解放」のために革命的な「実践」をすることを絶えず呼び掛ける。まるで、「真の自由」に達することが、人間としての義務といわんばかりである。教祖であるマルクスの根っこが、キリスト教的な救済史観と「精神の自由」的な発想の全〝否定〟であるので、それを継承した左翼の発想が、キリスト教の鏡像（＝左右反転した像）のようになっているのは、ある意味、当然のことかもしれない。

左翼のセクトには、物質的に豊かで楽な生活をすることを「ブルジョワ的」と呼んで否定し、最底辺のプロレタリアートと同じ基準の貧しい生活をし、ちゃんとした肉体労働に従事すべきことを説く——本当に実行していると言えるか疑問であるが——ものが少なくない。日本の新左翼セクトには、「自己否定」を口にするところもあったが、これはまさに「修行」である。西欧の新左翼は、そういうことを安易に口走ったら、左翼としての自分たちのアイデンティティを否定して、キリスト教的な価値観への回帰になると思って、少し慎重になっているところがあるが、日本の新左翼は〝歴史的経緯〟を知らないで表面的にマルクスを受容してきたせいで、ナイーブになってしまうのだろう。

ヘーゲルによって完成されたドイツ観念論系の「精神中心の救済（啓蒙）史観」にしろ、マルクス主義系の「肉体中心の救済（解放）史観」にしろ、いずれも「歴史」のプロセスの最終ゴールにおいて、「真の自由」が現れるという半形而上学的な前提に立っているので、その真偽は「歴史の終わり」が来るまで明らかにならない。明らかに、ずるい設定である。当然、ヘーゲルやマルクスが呈示したような、「歴史」の絶対的な発展法則を信じなければ、全く説得力がない。これまでの歴史において、「自由」がある程度実現してきたことを認めるとしても、今後、ヘーゲルあるいはマルクスの予言していた方向で、「自由」が具体化していくという現実的な保証はない。

✣カント的な「自由」との折り合い

キリスト教的な「自由」観を部分的に継承して、「真の自由」探求を続けたカント的な「自由の哲学」の伝統に比べると、三章・四章で見たような、英米で発達した政治的・経済的な「自由主義」の思想は、かなり〝現実的〟である。後者は、あるのかないのか分からないような、形而上学的な「自由」の探究にはあまり深入りせず、取り敢えず各人の

「行動の自由」を縛っているものを除去したうえで、自由な経済活動を通して社会的富を増大させる制度設計をすることに力を入れる傾向がある。こうした現実的な自由主義は、形而上学的な道徳法則を排して、個人にとっての快楽や社会的な効用を基準に「善／悪」を測るベンサム（一七四八－一八三二）流の功利主義と相性がいい。

思想史では、主として外的行為を問題にする自由論は、「行為の自由」論、カントのように内面において自由であるかないかを問題にする自由論は、「意志の自由」論と呼ばれる。無論、両者は常にはっきり区別できるわけではなく、先に述べたように、カントが「行為の自由」の方に口出しすることもあるし、経済的自由主義者が「自由」を基礎付ける形而上学的原理に、例えば「神の見えざる手」のような形で言及することも少なくない。ただ、「行為の自由」論の人たちにしてみれば、カント－ヘーゲル的な精神主義の路線であれ、マルクス主義的な唯物論の路線であれ、「自由」を理論的に基礎付けようとして、形而上学的な問題に深入りしてしまうと、かえって〝不自由〟になる恐れがあるので、敬遠したいところだろう。

「行為の自由」と「意志の自由」の中間的なところで議論していると思われる政治・経済的な「自由主義者」として、先に言及したハイエクがいる。ハイエクは、形而上学的な原理によって「自由」を根拠付けるような議論は避け、自由の経済的効用を説く形で自らの自由主義を展開することが多いが、その一方で、「自由」が命がけで守るべき価値であることを強調し、自由それ自体よりも効率性の方に重きを置き、計画経済を容認しかねないベンサム流の功利主義を批判している。彼の「自由」観には、「自由」をむしろ道徳的義務として記述するカント的な要素も含まれていると言われている――この線でのハイエク解釈として、山中優『ハイエクの政治思想』（勁草書房、二〇〇七）を参照。

また、ロールズの「自由」観も、再配分政策との絡みで現実的な「行為の自由」を問題にしているようで、「無知のヴェール」のような仮想実験装置の下で、立場の「入れ替え可能性」へと誘導しているところは、カント主義的な義務論的な「自由」観に近いと見ることもできる。実際、ロールズ自身、『正義論』や『政治的リベラリズム』などの主要著作でカントの議論と自分のそれとの関係に言及している。

ロールズの想定する原初状態（＝無知のヴェールにかかった状態）にある諸個人は、単に自分の物質的な利害を合理的に追求するだけではなく、他の個人たちとの間で互恵的な関係を形成し、公共的な討論を通して、道理に適った社会契約を構成していく用意のある「道徳的人格」として想定されている。各人の内にもともと、公共的理性に適った「正義」を求めようとする本性があるので、正義の原理についての社会契約を成立させることが可能だと考えるわけである。大雑把に言うと、自らの利益を最大限化しようとする自己チューな個人というホッブズ的な人間観と、自由な道徳法則のみに従って判断しようとする――『実践理性批判』における――カント的な人間観を接合して、理念と現実を架橋しようとしていると見ることができる。ロールズ自身は、カントを参照しながら練り上げた自らの方法を、「(カント的)構成主義」と呼んでいる。道理に適ったことを求める道徳的諸人格の間の「合意」を積み重ねることを通して、正義の原理を構成していくのは可能であるということである――ロールズのカント的な構成主義については、福間聡『ロールズのカント的構成主義』(勁草書房、二〇〇七)を参照。

アーレントも、ある意味、カント主義的な「自由主義者」である。彼女は晩年に行なった『カント政治哲学講義』(一九七〇)で、『実践理性批判』というよりは、美学についての著作である『判断力批判』(一七九〇)に主として依拠しながら、自由な道徳法則に基づく「政治的共同体」を構成することのできる可能性を論じている。

この講義の中身について本格的に説明すると長くなるので、ごく手短に述べておくことにする。極めて主観的であるはずの「美」についての判断を〝我々〟はしばしば「想像力 imagination」を媒介にして共有している(つもりになっている)。それと同じようなメカニズムで、「想像力」と密接に結び付いている「共通感覚＝常識 sensus communis＝common sense」を介して、「自由な道徳法則」に基づく判断を共有する(つもりになる)ことができるかもしれない。それが、アーレントがカントの想像力論に注目した理由である。もう少しだけ分かりやすく言うと、「私」は隣人の〝心の中〟での「自由意志に基づく善悪の判断」を直接的に知ることはできないが、「『私』の隣の彼（女）は、○○のような場合を善、△△のような場合を悪と判断することだろう」と少なくとも想像し、そうした想像的な「他者」とある程度同調しながら振る舞おうとする共同体的感覚＝常識を備えている、ということだ。

これは、アダム・スミスからロールズ、そして宮台真司へと継承された「立場の入れ替え可能性」の原理を、カントの［想像力‐共通感覚］論によって補強的に説明しようとする試みだと理解できる。想像力を介して、お互いの心の中の道徳法則を、たとえヴァーチャルにでも共有できれば、〝ほぼ同じ価値観〟に基づく「政治共同体」を構成することができるかもしれない、ということになる。これは、ロールズのカント的構成主義にもかなり近い考え方である。アーレントは、カント論を、自らの政治哲学として再構築し切る前に亡くなったが、彼女の著作の至るところにカント的な発想が見られる。

例えば、『人間の条件』では、既に見たように、生物的な欲求を満たす場としての私的領域と、そうした物質的な欲求から解放された市民たちがポリス全体にとっての「善」のみを志向しながら自由に討論する公的領域という区分が強調されている。これは、物理的な因果法則の支配する世界と、自由な道徳法則の支配する世界を区別して、並行的に記述しようとするカントの二分法に対応していると見ることができる。アーレントは、カントと同様に、物理的な欲求によって条件付けられた思考や行動を越えたところに、真の自由があると考えているのである。

ただ、カントの自由な道徳の法則が、あらゆる人間に普遍的に内在する原理であり、最終的には「神」という理念とも繋がっていると想定されているのに対し、アーレントの「自由」は、人間の生得的な性質ではない。ポリスの公的領域での討論の訓練を通して、後天的に形成されてきたものである。しかも特殊な条件下で形成されたものなので、誰にでも身に付けられるものではなく、いったん身に付けても、努力を怠っていると、すぐに失われていく。近代市民社会のように、公的領域／私的領域の区分が曖昧になって、物質的な利害から〝自由〟な状態で討論に専念できる空間がなくなると、本格的に身に付けることはできない。

アーレントの「自由」が、人為的な制度の産物で非常に弱いものとしてイメージされるようになったのは、ナチスのホロコーストのような、人間に内在する「自由な道徳法則」を根本的に疑わせるような事態に遭遇したからだと言われている。アウシュヴィッツのガス室の責任者アドルフ・アイヒマン（一九〇六－六二）は、戦後アルゼンチンに亡命していたところを、一九六〇年にイスラエルの秘密警察に捕えられ、エルサレムで裁判にかけられた。この裁判をアメリカの雑誌のリポーターとして傍聴した彼女は、アイヒマンの〝人格〟を見ることを通して「人間性」の弱さを確信した。たくさんの人間を虐殺したアイヒマンは、多くの人がイメージしていたような、悪の権化のような存在ではなく、むしろ、自分の（自由）意志らしきものを示さず、単に与えられた命令に従うだけの機械のような存在であった。いわば、カントが定式化したような、自由な道徳法則によって判断する能力を全く欠いているとしか思えない、没人格的な存在であった。自由意志を示さないからこそ、淡々とアウシュヴィッツのような巨大な「悪」の執行人になれるのである。

「公／私」をめぐるアーレントの議論の立て方は、キリスト教の伝統からカントが継承した「自由な道徳法則」を信じられなくなったポスト・アウシュヴィッツの状況を象徴しているとも言える。現代においては、純粋にカント的な「自由な人格」を想定しながら、社会理論を構想することは困難になっている。アーレントは、カントの政治哲学についての晩年の仕事では、そうした失なわれた「自由」への信頼を、カントのもう一つの業績である「想像力」論によって再建することを敢えて試みようとしたのかもしれない。

✣「自由」からの逃亡

アーレントの洞察では、近代市民社会、特に二〇世紀的な大衆社会の人間には、カントの論じたような「自由な道徳法則」に従って生きることが難しくなっている。むしろアイヒマンのように流されて、体制に順応する方が楽である。彼女は、「全体主義」の本質は、キリスト教‐カント的な意味で「自由」であろうとすることに耐えられない人たちの、「自発的同調」であると考えた。

これと同じような見解を、一九世紀において既に示していたとされるのが、ロシアの作家ドストエフスキー（一八二一‐一八八一）である。通な読者のために、やや細かい断りを入れておくと、ロシアのキリスト教は、ローマ帝国時代にカトリックと分裂したギリシア正教会の系譜を引くロシア正教会で、その文化がドストエフスキーの作風にも影響を与えているとされている。ただ、そのロシア正教も基本的にパウロによって最初に体系化された新約の教義をカトリックやプロテスタントと共有しているし、当事のロシアの知識人は西欧の哲学・思想に一般的にかなり通暁しており、ドストエフスキー自身、カントの影響を受けているとされているので、ドストエフスキーの中に、キリスト教−カント的な「自由」の概念を、どのようにして地上の生活で実践するのかという問題意識があったことにさして不思議はない。

晩年の著作『カラマーゾフの兄弟』(一八七九−八〇)の中で、カラマーゾフ兄弟の次男で無神論者のイワンが、弟である見習い僧のアリョーシャに語って聞かせるという設定の有名な作中作「大審問官」で、「自由意志」をめぐる困難がテーマ化されている。この劇詩では、厳しい宗教裁判が行なわれている一五世紀のスペインのセヴィリアに、イエスが再び姿を現し、神聖裁判所の大審問官の前に引き立てられていく。年老いた大審問官は、地上におけるパンではなく、(天上での)「自由」を求めるべきだと説いたイエスの教えがあまりにも厳しく耐え難いものであったせいで、多くの人にとってはただ苦痛を増すだけであったとして、イエスを非難する。

それはむろん人間としては、良心の自由ほど魅惑的なものはないけれど、またこれほど苦しいものはないのだ。ところがお前は、人間の良心を永久に慰める確固たる根拠を与えないで、ありとあらゆる異常な、謎のようなしかも取り留めのない、人間の力にそぐわないものを取って与えた。それ故お前の行為は、少しも人間を愛さないでしたのと同じ結果になってしまった、――しかもそれは誰かというと、人類のために自分の命を投げ出した人なのだ！　お前は人間の良心を支配する代りに、かえってその良心を増し、その苦しみによって、永久に人間の心の国に重荷を負わしたではないか。お前は自分で唆《そそのか》し擒《とりこ》にした人間が、自由意志でお前に従って来るように、人間の自由な愛を望んだ。確固たる古代の掟に引き換えて、人間はこれからさき己れの自由な心をもって、何が善であり何が悪であるか、一人で決めなければならなくなった。しかもその指導者といっては、お前の姿が彼らの前にあるきりなのだ。しかし、お前はこんなことを考えはしなかったか、もし選択の自由というような恐ろしい重荷が人間を圧迫するならば、彼らはついにお前の姿もお前の真理も斥け譏《そし》るようになる。そして「真理はキリストの中にない」と叫ぶようになる。（米川正夫訳『カラマーゾフの兄弟（第二巻）』岩波文庫、一九二八（五七）、九一頁以下）

キリストが、人間たちには自分で〝善〟を選ぶことができる「自由」があることを教えたおかげで、彼に従う信徒たちは、肉体的な欲に負けてしまう自分の弱さについて良心的に苦しむようになった。〝真の答え〟が何となく分かる場合ならまだいいが、イエスは、ユダヤ教の律法のように、具体的な行為を前にしてのはっきりした善／悪の基準を体系的に示したわけではないので、人間はその都度、「私は本当に、自分の良心に反しない選択をしようとしているのか。悪魔に唆されて悪に向かっているのではないか?」と自問しなければならない。真面目に考えると、自分の自由な判断の帰結に対する責任感で押しつぶされそうになる。

大審問官は、自分たちは何世紀も前に既にイエスの教えを捨てて、悪魔に仕えるようになっていたと告白する。大審問官の仲間たちは、剣を取って、自分たちこそ地上の王だと宣言し、神の王国とは別の王国、地上の王国を建設する事業を開始した。この王国の事業が完成すれば、人々は〝良心の自由〟を再び取り上げられ、子供や動物のように従順になるはずである。この王国はまた、人々からパンを取り上げて、再配分し、みんなを幸福にするシステムを作り上げる予定であるという——まさに、後の全体主義国家のイメージである。そこでは、キリストはもはや不要であるどころか、有害でさえある。そこで大審問官はイエスを火刑に処することを決定する。

「私は自由に振舞うことができる(それゆえ私は私自身の行為の帰結に対して責任がある)」という意志が重荷となって、かえって〝不自由〟になるという逆説は、宗教的・道徳的な次元の問題に限らず、我々の日常の至るところにある。身分制があった封建社会では、職業とか住む場所、結婚相手を〝自由選択〟した結果について思い悩む必要などなかったが、現代人は悩まざるを得ない。社会全体が制度的により自由度を増し、科学技術の発展によって技術的に自由にいじれることが増えてくると、どうするのがベストか、どうすれば最悪のケースを回避することができるのかと思い悩まざるを得なくなる。あまりにも自由ゆえの思い悩みが増えると、いっそのこと、ルソーの野生人のように――「私は自由である」ということも含めて――何も知らない方が幸せだったのでは、とさえ思うようになる。

アーレントと同じように、ユダヤ系ドイツ人で、ナチスに追われてアメリカに亡命した社会心理学者のエーリッヒ・フロム（一九〇〇－八〇）は、大戦中に書いた『自由からの逃走』（一九四二）で、「自由」の重荷のために神経症的になっている近代的な個人が、一個の自我としての自由を放棄して、自ら進んで（＝〝自由意志〟によって）外部の権威に依存し、画一的な行動パターンを取ろうとするようになることを、歴史的事象を参照しながら明らかにしている。

✣「積極的自由」と「消極的自由」

ナチスとスターリン主義のソ連という左右の全体主義体制の出現を体験した二〇世紀半

ば以降の政治思想・社会哲学においては、キリスト教ーカント的な「自由」は単に、現実的に無力であるというばかりでなく、その反動で、大審問官が描いたような歪んだ〝自由〟（「良心の自由」の重荷からの〝自由〟）の体制を生み出してしまうのではないかとの懸念が生まれてきた。「自由」をめぐるあらゆる思い悩みから最終的に〝自由〟になろうとする「解放」の論理が、自己決定／自己責任の世界に疲れた人々の心を捉えてしまうのではないかとの恐れである。

ロシア帝政下のラトビアに生まれ、英国で活動したユダヤ系の政治哲学者アイザイア・バーリン（一九〇九ー一九七）は、一九五八年にオクスフォード大学で行なった講義『二つの自由概念』で、現代の自由主義が追求すべき〝自由〟の中身をはっきりさせるため、「消極的自由 negative liberty」と「積極的自由 positive liberty」という二つの「自由」概念を区別している。

「消極的自由」というのは、英語の表現として「～からの自由 freedom（liberty）from ～」という形を取るもので、自分の行動に対して必要以上の干渉を受けないことを意味する。「積極的自由」の方は、「～への自由 freedom to ～」という形を取り、自分自身を完全に支配し自分の主人になること、つまり、外部からの働きかけによらず、自分自身を動かす唯一の原因になることを意味する。簡単に言うと、「自己実現」である。この章のこれまでの流れで言うと、「消極的自由」が、アダム・スミス以来の政治・経済的な自由主義で通常問題にされる現実的な「自由」であるのに対し、「積極的自由」がキリスト教-カント的な伝統における道徳的・非因果法則的な「自由」に対応する。

バーリンは、政治の理想として求めるべきはあくまでも「消極的自由」のみであり、「積極的自由」にはあまり手を出すべきではないとしている。「積極的自由」の場合、様々な物理的な欲求・衝動に囚われている自己と、その自己を支配しようとする理性的な自己、という二つの自己が想定されている。そして後者の自己は、自己自身を完全に支配した状態、いわば「真の自己」とでも言うべきものを志向する。そうした「真の自己」を、各人が自らの内面においてのみ求めているのであれば、大きな問題はないが、政治的な目標として設定され、実体視されるようになる時、おかしな現象が起こってくる。

ところでこの支配する自我は、理性とか「より高次の本性」とか、また結局は自我を満足させるであろうところのものを目ざし計算する自我とか、「真実」の、「理想的」の、「自律的」な自我、さらには「最善」の自我とかいったものとさまざまに同一化されてくる。そしてこの支配する自我は、非合理的な衝動や制御できない欲望、わたくしの「低次」の本性、直接的な快楽の追求、と対置される。この「経験的」あるいは「他律的」な自我は、激発するすべての欲望や情念にさらわれてしまうものであり、その「真実」の本性の高みにまで引き上げられるためには厳しい訓練を必要とするものである。やがてこの二つの自我はさらに大きなギャップによってへだてられたものとして説明されることになる。真の自我は個人的な自我（普通に理解される意味で）よりももっと広大なもの、個人がそれの一要素あるいは一局面であるようなひとつの社会的「全体」――種族、民族、教会、国家、また生者・死者およびいまだ生れきたらざる者をも含む大きな社会――として考えられる。こうなるとその全体は、集団的ないし「有機体的」な唯一の意志を反抗するその「成員」に強いることによって、それ自身の、したがってまたその成員たちの、「より高い」自由を実現するところの「真」の自我と一体化される。他のひとびとを「より高い」レヴェルの自由にまで高めるために、あるひとびとによって加えられる強制を正当化するのに有機体的な暗喩を用いることの危険性は、これまでにもしばしば指摘されてきたことだ。（生松敬造・小川晃一・小池銈訳『自由論2』みすず書房、一九七一、三二〇頁以下）

バーリンの懸念しているのは、仮想のものであるはずの「真の自我」が、種族、民族、教会、国家などの共同体が体現するとされる〝集合的人格〟のようなものと同一視されてしまうことだ。実際、キリスト教文化では、（神の代理とされる）教会が体現しているとされる理想的なキリスト者の人格と同一化することが、〝真に自由な自己〟になることだとされてきた。ナチズムの場合、ヒトラーの人格に象徴される、民族あるいはアーリア人種の「真の自己」との同一化がそれに取って替わる形になった。近代化された日本では、現人《あらひと》神《がみ》としての天皇との一体化が、それに当たる。

そうした「共同体の真の自己」との神秘的な合一化を否定するところから出発したはずのマルクス主義的な国家も、来るべき共産主義社会を代表する党、あるいは、スターリンのようなカリスマ的指導者の人格との同一化が、真の自己（＝共産主義化された自己）の実現と見なされた。左翼的な「解放＝自由化 liberation」の論理である。因みに、北朝鮮の国家イデオロギーのことを「主体思想」というのは、党あるいは党の人格を体現している首領様と一体化することを通して〝自由な主体〟になるということを含意しているからである。

もう少し一般的なことを言うと、権力・体制の抑圧から〝自由〟になることを目標に掲げて立ち上げられた政党や運動団体が、団体の理想を絶対化して、各メンバーのそれとの同化を、〝真の自由〟と見なしたり、リーダーをカリスマ化――カリスマ（charisma）というのはもともと、奇蹟を行なうことのできる神から与えられた超人的才能を指すキリスト教用語である——して、その人格を自己実現の理想とする、といったような転倒した事態を我々はしょっちゅう目撃している。こういうのは右か左か、宗教か唯物論かというような方向性の問題ではないだろう。どういう方向性を取るにしろ、自分たちの運動の取るべき方向性を固定化して、そのゴールに究極の自由＝真の自己実現を設定すると、「自由」という言葉のイメージからは程遠いところに行ってしまう。

無論、そういう強制や抑圧を伴う可能性があることについて、メンバーの間に事前に〝合意〟が成立していればまだいいが、政治・社会運動の場合、どうしても、メンバーでない人間にも影響を与え、巻き込んでしまう恐れがある。真の自己＝自由実現運動の人たちが、国家の権力を握ってしまうと、国民の大多数は、メンバーになった覚えもないのに、「真の自由」に到達すべく努力しながら生きるのを強いられることになりかねない。迷惑というのを通り越して、ひどい話である。

バーリンは、「積極的自由」を通しての「自己実現」を追求しすぎると、結局、全体主義に繋がる恐れがあるので、「消極的自由」に焦点を当てるべきことを力説する。〝真の自己実現〟のような目標を設定して、最初から選択肢をなくしてしまうのではなくて、常に、様々な価値の間で試行錯誤しながら、自分の取るべき行動を選択するのが、人間らしい自由なあり方である、と彼は考える。

かれら「事実を尊重するひとびと」がその実現につとめている「消極的」自由は、訓練のよく行届いた大きな権威主義的構造のうちに、階級・民衆・全人類による「積極的」な自己支配の理想を追求しているひとびとの目標よりも、わたくしにはより真実で、より人間味のある理想であるように思われる。より真実であるというのは、それが、人間の目標は多数であり、そのすべてが同一単位で測りうるものでなく、相互にたえず競いあっているという事実を認めているからである。一切の価値が一つの尺度の上の目盛としてあらわされうる、したがってただ最高の価値を決定するための検査が問題なのだと想定することは、自由な行為者としての人間に関するわれわれの知識を誤謬に導き、道徳的な決断を、原理的には計算尺でできるような運算と考えることである。（……）また、より人間味があるといったのは、それが（体系家たちのするように）ある高遠な、とりとめのない理想の名において、人間から、かれらの人間としての生活に欠きえないと思われる多くのものを奪い去ることをしないからである。（前掲書、三八八頁以下）

第6章

自己再想像としての「自由」

❖「自己実現」の問題

バーリンの「積極的自由」反対論に見られるように、「自己実現＝真の自由」を政治的な最終目標として設定すると、その目標に何としてでも到達しようとする解放願望が生まれてきて、自他共に極めて〝不自由〟な状態に追い込んでしまう恐れがある。そうした〝真の自由の不自由さ〟の中で、自由な討論の基礎となる「価値観の多様性」が次第に失われていくかもしれない。左右の全体主義体制や、政教分離していない宗教国家は、〝真の自由の探求〟を価値観の多様性よりも優先する傾向がある。そのため、現代のリベラリストたちは、たとえキリスト教やカント倫理学の影響を受けていたとしても、「真の自由」を口にすることを躊躇するようになっている。では、現代のリベラリズムは、「内面」における「意志の自由」というキリスト教以来の伝統的なテーマから全面的に撤退しつつあるのかというと、そうとも言えない。その点について少しだけ背景説明しておこう。

現代のリベラルな国家の多くは、信教の自由や表現の自由のようなものを憲法的な原則にすることによって、対立し合う諸価値観の共存を一応可能にし、討論を通して相互に影響を与え合う余地を残しながら、その時々の多数派の意見に従って、安全保障や富の再配分、文教、環境、法的な紛争調停などの基本方針を――その方針に反対する少数派、個人の基本的な自由をあまり制約しないような形で――決定・実行している。「リベラリズム」の主流派は、こうしたリベラルな国家のあり方を大筋に認めたうえで、個別の政策や法律が、自分たちの想定する「公正」の基準に合っているかどうか吟味することに徹している。これは、ミルが『自由論』で描き出した古典的「自由主義」のイメージに対応している。

ただ、「みんな」の共通の利害に関わる「公的領域」での政策決定については、価値観の対立を無理に〝解決〟しようとしないリベラルな路線が一応定着しつつある一方で、私的領域での「自己決定（権）」については、事情がかなり異なっている。「自己決定（権）」というのは、ある意味、「自己実現」の思想である。しかし「自己決定」論では、基本的に、他人にはあまり影響を与えないはずの私的領域、特にごく親しいものしか関与しない「親密圏」に限ってのミニ自己実現だけが問題になるので、ミル、ハイエク、バーリンなどの系譜を引く「消極的自由」論者たちも、自己決定権〝だけ〟は認めることが多い。「思い込みによるバカげた自己実現（＝真の自由）でも他人に迷惑をかけないのであれば、よいではないか。親密圏におけるプライベートな自己実現にさえも制約をかけたら、あまりにも〝不自由だ〟」と思われてきたのである。しかし、近年においては、自己決定＝自己実現をどこまでも追求してよい領域と、そうでない領域の境界線が、それほどはっきりしておらず、トラブルのもとになることが、様々な局面で報告され、リベラリズムの新たなテーマとして浮上しつつある。

「私的領域」における自らのライフスタイルや価値観の選択が、純粋に〝自分だけ〟の問題であれば、ミルの「他者危害原則」に注意していさえすれば、十分かもしれない。しかし、人間関係が複雑化し、様々な科学技術が日常に浸透している現代社会では、「自己決定権」を行使することは、純粋に〝個人〟の問題とは言い切れなくなっている場合が多い。〝自己決定〟のつもりだったことが、結果的に他人に大きな影響を与えてしまったり、他人の助けがないと、それを実行できないということがよくある。

わりと単純な例として、喫煙について考えてみよう。煙草を吸って、自分の健康を害する危険を犯しているというだけのことなら、自己決定権の問題として処理してよい。しかし近年話題になっている受動喫煙の問題のように、周囲の他人に影響を及ぼす可能性があることが発見されたら、本人だけの事ではすまなくなる。また、そうした認識が社会的に広まった帰結として、煙草を吸ってもいい公共の場所が制限され、煙草の販売所のあるところも減ってくると、「自己決定―自己責任」で煙草を吸うということが、以前よりも、簡単な話ではなくなる。

人体に対する環境からの様々な影響が知られ、それらの影響を制御するための各種の手立てが講じられるようになると、〝自己決定〟の範囲は狭まる傾向がある。特に「医療」については、その発達に伴って、「誕生」から「死」に至るまで人間の生が近代医療によって管理され、そのことが各種の法令によって根拠付けられるようになると、個人が、医療の助けなしに、自分だけで〝自己決定〟するのは難しくなっている。安楽死しようとまだ自分の意志を表明できる状態の時に〝自己決定〟したとしても、医師の協力がなければ、実行できないことが多い。また、日本では妊娠中絶については、事実上容認されていて、法的な制裁措置を受ける恐れがほとんどないが、アメリカでは、州単位で中絶のための施設を提供することを制約する法律があるため、中絶のための〝自己決定〟が難しい場合もある——中絶は、胎児の命も関わる問題なので、「自己決定」ではないという見方があるが、「胎児は権利の主体か？」という話を始めると、話が複雑になりすぎるので、ここでは立ち入らないことにする。

建築や住環境についても、技術的な理由や、他人への影響関係で、〝自己決定〟が制約されることが多い。マンションの耐震構造偽装問題が表面化した時に取り沙汰されたように、町の真ん中にマンションのような巨大な建造物を建てる場合には、住んでいる本人たちが、「地震で壊れるような建物でもいい」と〝自己決定〟したくても、地震でその建物が崩れたら、近所の人や建造物、通行人、交通機関などに迷惑をかける恐れが高いので規制されている。また自分の土地だからといって、地面をやたらに深く掘ったり、大量のゴミや危険物を溜め込こんだりすることも、周囲の人に迷惑なので大幅に制約される。

現代社会では、他人に全く気兼ねすることなく、本当に自分の思い通りに、自分の好きな生き方をすることは難しくなっているのである。

✣「親密圏」の半公共化

純粋な「自己決定」の余地が狭まっているということは、見方を変えれば、「プライバシー」の領域が次第に狭まっているということでもある。アーレントの公／私区分論に即して見たように、「プライバシー」の元の意味は、そこで何をしようと、「外」――特に公権力――からの干渉を受けることなく、放っておかれる状態ということである。現代社会では、一人だけの孤独でジコチューな生活を送る――例えば、「この私」のような――人間が増えている反面、本当に「放っておいてもらうこと」はかえって難しくなっているのではないか、と思われる。

技術面から考えてみよう。私たちの多くは携帯電話やインターネットを使っており、かなりの数の人と常時情報のやり取りをすることができる。このことによって私たちの生活は便利になっているが、それは裏を返せば、いつどこでも、他人から連絡を受ける可能性があるので、落ち着けないということでもある。無論、携帯電話は切ることができるし、電子メイルは無視することができるが、そうやって繋がりを断つと、そのことが相手に伝わってしまう。特に職場や、学校・大学などからの連絡手段として、携帯やメイルを利用することが義務付けられている場合、正当な理由なく反応しないと、制裁を受けることもある——私の勤務先では、〝不登校〟の疑いのある学生に対して、〝担任〟の教員が携帯やメイルを使って連絡することになっている。

ＩＴ技術を利用して情報をやり取りしていると、どうしても個人情報が第三者に漏れる恐れがある。他人に見られているかもしれないと思うと、なかなか〝自由〟に振る舞えない。「個人情報保護法」というのは、そのために個人情報の取り扱いを規制する法律であるが、こうした法律が次第に〝整備〟されていき、情報管理の徹底を義務付けられると、自分のパソコンの中身を自分の思い通りにコントロールすることができなくなり、〝不自由〟な感じがする。また、サヨクの人たちがよく心配しているように、住基ネットなどを通して、公権力が個人の情報を住民監視・管理のために用いる可能性もないわけではない。そういうことに過敏な人は、サヨク以外でも増えているようである。

一九世紀末から二〇世紀初頭にアメリカで発達した、プライバシーをめぐる法理論だと、「一人で放っておいてもらう権利」としてのプライバシー権というのは、至極単純な発想に基づいていた。犯罪でも起こらない限り、他人の「家」の中で起こっていることに干渉するな、他人の「家」の中で起こっていることを勝手に公表するなという大雑把な理解でよかった――アメリカの法理論でいうところの「プライバシー権」は、避妊、中絶、同性愛など親密圏における「自己決定権」をも含む意味で使われることが多く、勝手に「家」の中の情報を公開されない権利という意味に限定して理解されている日本のプライバシー権よりも広い。

しかし、現代では、プライバシーには「自己情報コントロール権」という第二の意味が付与されている。自分に関するあらゆる情報の流通をコントロールできる権利ということであり、「個人情報保護法」はこれに対応する法律である。

住基ネットに登録されている住民の情報とか、契約している会社の顧客情報がどこかに漏れたからといって、必ずしも、自分の「家」の中の人に知られたくない秘密が、公の知るところになるわけではない。「個人情報」と言われているものの多くは、電話番号とかメールアドレス、住居、勤め先など、ごく抽象的なもので、それだけでその人物の生活がリアルに想像できるようなものではない。私の知らないところで、私の個人情報を知った人間がいたからといって、それだけでただちに、私の「家」の中での生活が脅かされるわけではない。ダイレクトメールや、電話のキャッチセールス、振り込め詐欺などの材料に使われる可能性はあるが、それはあくまで可能性であって、必ず、そうなるとは限らない。そういうことは分かっているにもかかわらず、かなり抽象的な「個人情報」が、誰か知らない人に伝わっただけで、「プライバシーを侵害された！」と感じる人は増えている。だから、新しいプライバシー概念が生まれてきたのである。

ＩＴ技術が高度に発達して個人情報に様々な利用価値が生じたせいで、そうでなかったらほとんど意味のないはずの抽象的な情報のやり取りに敏感な人が増えている。携帯番号とかメルアドなどは、その手の機器が嫌で触れたことがない人にとっては、何の意味もない数字と文字の組合せである。しかし、そういうものに完全に依存して生きている人間にとっては、非常に貴重な個人情報である。勝手に第三者に知られたりしたら、「家」の中を覗き込まれたような気になる人さえいる。技術が、それを使っている人間の感じ方を変えてしまうのである。

ＩＴ技術だけではない。我々の生活のあらゆる局面で、技術の発達によって、二〇世紀の感覚の人間には、何の意味もないような情報が、大きな意味を持ちつつある。最も端的な例は、ＤＮＡに含まれた遺伝情報であろう。科学的な遺伝という概念を知らない人にとっては、本当に何の意味もない塩基配列情報であるが、分析する能力を持った機関にかかれば、遺伝病など特定の疾病にかかりやすい率、体質などが分かってしまう。手術の際に切り捨てた部位は、遺伝を中心とする身体的個人情報の収集源になり得るし、髪の毛や爪などからも遺伝情報が取れるので、そういうものの扱いにかなり神経質になっている人は少なくない。

様々な情報収集・処理技術が発達し、それに伴って、各人の「自己情報コントロール」に対する欲求も高まっていくと、「プライバシー」と「自由」の関係は複雑になる。自分自身であらゆる自己情報をコントロールすることは、事実上不可能だ。メイルや携帯、あるいはどこで落としたのかよく分からない髪の毛を通して、私の個人情報が漏れるかもしれないと、いつも気にしていたら、生きて行けない。では、公的機関が「私」になり代って、私の個人情報を管理してくれたらいいのかというと、そう単純な話でもない。公権力に情報管理を委ねてしまったら、今度は、公権力が「情報」を通して「私」を監視する可能性が更に強まる。公権力あるいは、それに準じた機関に管理してもらった方が、不特定多数の人間の目に晒されるよりはましだと思う人もいるが、その反対に、余計に不安だと思う人もいる。自己情報のことを厳密に考え始めると、現代社会では、「一人で放ってもらう」のはかなり困難であることが分かってくる。

サヨクの人たちの中には、監視カメラのようなものがあちこちにあり、私たちの生活全般が監視されている現代社会のあり方を、「監視社会」と呼び、安全のために監視カメラの向こうから、「私」たちを見つめ、コントロールしようとしている〝見えない権力〟を批判している――「見えない」といっても、それは〝何も考えていない一般庶民〟にとっての話で、サヨクの人たち自身には、〝我々を見ている権力〟がよく見えているようである。確かに、監視されているのは嫌な話だが、それが分かっていても、監視カメラのようなものがあった方がいいと思う人は少なくない。サヨクの人に言わせれば、「一般の人は、牙をむいた権力のこわさが分からないのだ」ということになるのだろうが、〝一般の人〟もサヨクが思っているほどバカではない、と私は思う。

多くの人は、自分が犯罪などの被害に遭う可能性を低下させるには、自分自身も、監視の対象になることも、ある程度止むを得ないと思っている。サヨクの人が言うように、権力者が、監視カメラなどを通して得た情報を悪用する可能性もあるが、問題はその可能性と、監視カメラによる抑止力がないことによって自分が襲われる可能性と、どちらが高いと各人が「思っている」かである。こういう話をすると、犯罪の発生件数と、監視カメラやNシステムの増加との間の相関関係を示す客観的データを持ってきて、自説の正しさを証明しようとする人が出てくるが、そうした〝客観的データ〟は実のところあまり関係ないのではないかと思う。

各種の情報技術が利用可能になると、人はそれらの技術を自分に有利なように利用したくなる。監視カメラとかNシステムで何らかの犯罪の犯人が捕まったという話を一件でも聞くと、利用したくなる。それがどの程度の費用に見合った効果があるのか、他の弊害はないのかというようなことを考えたら、デメリットの方が大きいかもしれないと分かっていても、利用可能な技術が使われていないことに〝不自由〟を感じる人は多い。そう感じるのは、別に権力によって人為的に洗脳されているからではない。我々の生活の中に、高度な科学技術が入り込んでいる以上、それは仕方のないことである。

「技術に全面的に依存する生き方自体が不健全だ。ライフスタイルを変えるべきだ」、と叫ぶオルターナティヴ系のサヨクの人もいるが、そう叫んでいる人たちも含めて、多くの人間が高度の情報技術やセキュリティ・システムに依存して生きている以上、時計の針を簡単に元に戻すことはできない。我々の生活の自由度を増してくれるはずの技術が、かえって、我々を不自由にしているという、現代社会の逆説的な現実とどこかで折り合いを付けるしかない。

❖プライバシーに干渉する「法」

現代社会では、科学技術以外の面でも、一般市民が公権力の親密圏・プライバシーへの——部分的な——介入を求めているように見える局面は増えている。DVや児童虐待の問題がそのはっきりした例だろう。DVも児童虐待も、家族の生活圏、あるいはそれに準ずる親密圏で生じる問題であり、従来の考え方では、殺人とか深刻な傷害事件のようなものでも起こらない限り、公権力は介入すべきではないとされてきた。しかし、近年ではDVや児童虐待を抑止するための法律が制定され、公権力が家庭の事情にある程度まで干渉し、大きな問題が起こるのを事前に阻止することがある程度可能になった。周知のように、これらの問題では、公権力の方が民事不介入という建前であまり積極的に動こうとしない傾向があるのに対し、むしろ市民の側が早期の介入を求める——従来の図式とは逆転した——ケースが増えている。

近代法は、誰の目にもはっきりと分かるような公的な基準で、価値中立的に紛争解決に当たることを原則にしてきた。しかし、親密圏での人間関係のもつれから生じる問題を事前予防しようとすれば、どうしても、当事者の「心の中」の状態をある程度推測しながら、ライフスタイルの善し悪しを問題にするような形で介入せざるを得ない。「この女はかなり反省して、生活態度を改めているようなので、大丈夫だろう」とか、「この男の態度からすると、到底反省しているとは思えないので、何らかの強制措置が必要だ」というような形で判断することになる。そういう判断は、これまで、法あるいは公権力には求められて来なかった。

無論、これまでも、家庭裁判所で取り扱われる家族関係や未成年の触法行為に関わる事案では、個人のライフスタイルや「心の中」の問題が扱われてきたし、刑事裁判でも、犯行の動機を解明したり、情状酌量したりする際には、そうした要素が入ってくる、と見ることもできる。ただし、家庭裁判所は、家族のトラブルが自然と解決し、罪を犯した少年が自ら更生するのを助けるところであって、〝法的な普遍的正しさ〟の基準を親密圏、あるいは、少年の「内面」に持ち込む機関としては想定されていない、と言うこともできる。また刑事事件で審理されるのは、主として当該の具体的な行為が法律に違反しているか否かであって、「心の問題」は付随的に参考にするにすぎない、と言うこともできる。近代「法」は少なくとも公式的には、親密な人間関係や「心の問題」に干渉しないことになっていたのである。

現代法の「心の問題」への踏み込みが、法律の条文にもかなりはっきり出ているのは、ストーカー規制法であろう。この法律の二条では、規制の対象になる「つきまとい」行為が以下のような形で定義されている。

この法律において「つきまとい等」とは、特定の者に対する恋愛感情その他の好意の感情又はそれが満たされなかったことに対する怨恨の感情を充足する目的で、当該特定の者又はその配偶者、直系若しくは同居の親族その他当該特定の者とその社会生活において密接な関係を有する者に対し、次の各号のいずれかに掲げる行為をすることをいう。

つまり、この法律に基づいて、警察や公安委員会などの公権力機関が「つきまとい等」の行為を規制する場合、その機関は、当該行為の背後に、「恋愛感情その他行為の感情」又は「それが満たされなかったことに対する怨恨の感情」があるか否かを判定することになるわけである。言うまでもないことだが、何か別の目的、例えば、借金の取り立てとか、抗議活動などのために「つきまとう」だけで、暴力や脅迫、器物損壊などを伴っていなければ、別に違法ではないし、規制されるべきいわれはない。それに対して、「恋愛感情」などのもつれから「つきまとう」場合には、背後にある感情がエスカレートして、危険な行動に出る可能性が高いので、本当に危ないことをする前に公権力が介入して、思い止まらせるという形になる。その人物の「心の中」の不穏な傾向をある程度読めるという前提で、コントロールすることを試みているわけである。

既に述べたように、近代刑法は、具体的な違法行為を犯した人物を取り締まるのが原則である。具体的に何もしていない段階で、公権力機関が、〝危なそうな人物〟をマークし、〝正しい振る舞い〟へと誘導するというのは、個人の「内面の自由」に対する侵害であり、ある意味、近代以前のキリスト教会による信者の内面コントロールへの部分的逆行になっている。そういうことが理屈の上で分かっているので、法律のプロはこうした問題についての法的な規制・予防について慎重になる傾向があるが、〝危なそうな人間〟を、とにかく自分たちの日常から遠ざけて欲しいという一般市民の欲求が強くなっているので、部分的に「心の問題」を法によって規制する動きが生まれてきたと考えられる。サヨクの人たちは、それは権力者によるマインド・コントロールの帰結だと言うかもしれないが、理由はどうあれ、一般の人々の間で、「心の問題」に対する法の介入を求める傾向が強まっているのは間違いないだろう。

また、セクシュアル・ハラスメントを始めとする各種のハラスメント行為に対する法的な規制も、「ハラスメント（嫌がらせ）」という名称自体が示しているように、「心の問題」を中心とする人間関係の微妙な部分に深く関わっている。ハラスメント問題では、外的に見れば全く同じ行為でも、誰が誰に対してやるかによって、正／不正がはっきり分かれることが多い。特にセクハラでは、好意を持っている相手からされたら、嬉しいが嫌いな相手からやられたら、耐え難い屈辱になったりする。第三者による客観的な判定は難しい。しかも、ハラスメントを行なった相手が、自分の上司あるいは指導教員であったので、その場では、「嫌！」と言えなかったと、〝被害者〟が事後的に証言するような場合には、余計に判断が難しくなる。

そういうような微妙な問題は、一律の基準で違法／合法を決めにくいので、司法は従来あまり関与せず、（準）強姦とか（準）強制猥褻など、刑法上の犯罪と重なるような部分だけ裁くことに自己限定していた。しかし、職場や学校における〝隠れた権力構造〟あるいは〝ジェンダー・バイアスを伴った人間関係〟の存在を指摘するフェミニズムなどの影響で、「ハラスメント」が法的な問題として浮上し、市民権を得るようになった。現在では、特にフェミニストではない人でも、「男性が多数を占め、上司や先輩のほとんどが男性であるような職場では、女性は嫌なことを嫌とはっきり言いにくいので、女性が嫌だと言わないことを同意と勘違いすべきでない。勘違いのふりをして、嫌がらせをする悪質なのもいる」というような議論をするし、法廷もそうした主張を認めるようになった。

私も基本的にはそう思う。しかし、後になって、「本当は嫌だった」と主張する女性の言い分が全て正しいとは思わない。恐らく、かなりラディカルなフェミニストでも、「本当は嫌だった」という言い分が、あらゆる場合に通用するとは思わないだろう。では、そうした言い分が通用する限界線はどこにあるかというと、はっきりしない。はっきりしないからこそ、「ハラスメント」のようなかなり融通性のある——悪く言えば、曖昧な——概念が使われているわけである。

ジェンダー構造と同じような問題が、性的マイノリティ、エスニック・マイノリティ、宗教的マイノリティなど、様々なタイプのマイノリティや、障害者、非差別地域出身者、ホームレスなどについても指摘することができる。カルチュラル・スタディーズやポスト・コロニアル・スタディーズに関わっている人々、あるいは、フーコー（一九二六－八四）のミクロ権力論を齧《かじ》っている人々など、いわゆる「ポストモダン左派」は、「マイノリティは常日頃から抑圧に慣らされ、抑圧を内面化しているので、なかなか声を上げることができない。彼らの声なき声を聴く努力は必要だ」と主張する。

確かに、その通りではあるが、〝声なき声〟をどのように〝聴く〟べきかというのは非常に答えにくい問いである。ましてや、そうした内面化された抑圧を、一挙に解消するための法的措置など、そう簡単に発明できるわけはない。そもそも、誰の〝声なき声〟を聴くべきかさえ一義的には確定できない。無理に、聴こえないはずの〝声なき声〟を「代弁＝代理」し、即時全面解決を図ろうとすれば、バーリンが批判したような積極的自由、［自己実現→解放］の思想に至る。ポストモダン左派には、その手の傲慢な慌て者が少なくない――この手の人々がもたらす問題については、拙著『なぜ「話」は通じないのか』（晶文社、二〇〇五）で詳述した。

サヨクの人々に文句言われるのを承知で〝一般論〟を言うと、人間というものはおしなべて、常に何らかの形で社会的な抑圧を内面化しており、ある意味、マインド・コントロールされながら生きている。そうした〝内面化された抑圧〟のせいで、「自由な行動」が妨げられている。しかし、そうした〝抑圧〟からの全面的解放を求めると、「積極的自由」論の罠にはまっていき、〝究極の自由〟を追い求め、それを他人にも強制することになりかねない。〝究極の自由〟を目指しての「心の問題」の介入は、何かのきっかけで、〝究極の不自由〟に転化してしまう恐れをはらんでいるのである。

✣「消極的自由」と「積極的自由」の交差

「内面化された抑圧」というポストモダン左派的な問題を敷衍《ふえん》していくと、どうしても「私にとって自由とは何か?」、という形而上学的――あるいはキリスト教神学的――な問いが（再）浮上してくる。セクハラに相当するような概念を知らない女性であれば、職場で周りの男性たちから、性的なニュアンスを帯びた言葉をかけられたり、触られたりすることが、それほど不快ではないかもしれない。しかし、そういう女性が、セクハラという概念を知ることを通して、自分が不当な扱いを受けており、自分らしく振る舞えない〝不自由な状態〟にあると、事後的に認識するようになるかもしれない。

では、セクハラという概念を知った後で感じるようになった〝不自由さ〟が彼女にとっての真実なのだろうか? それとも、そういう概念を知らないで、他の人たちがハラスメントだと呼んでいることをされても何とも思わなかった、それ以前の状態の方が真実なのだろうか? フェミニストの圧倒的多数は、後の状態の方が真実だと言うだろうが、それはあくまでも「セクハラ」という概念を知ることが、いついかなる場合でも正しいという前提の下での話である。そんな余計なことは、知らない方が幸せだという人もいるだろう。

人間は、無知のままでいるのと、自らを取り巻く現状を批判的に見る目を養うのと、どっちが幸せなのか？　〝現状〟を批判的に見るようになったおかげで、〝現状〟を改善し、より快適な生活環境を実現できるとすれば、それにこしたことはないが、そうなるとは限らない。再認識した〝現状〟を改善できる見込みが全くないまま、〝不自由〟感を募らせるだけに終わる可能性は高い。例えば、ある女性が、「現代日本の文系学者の業界では、美人の方が就職活動において有利である」という〝現状〟を何かのきっかけではっきりと認識したとしても、その認識に基づいて〝現状〟を飛躍的に改善し、より大きな自由の余地を獲得できるとは考えにくい。〝現状〟に対する批判的なまなざしを獲得すること自体はよいことだとしても、それがそのまま自由化＝解放に繋がるとは限らない。

左派・反体制的な人々は、〝現状を知らないがゆえに相対的に満足している状態〟をマインド・コントロール、あるいは、フーコーの言うミクロ権力の帰結だと言うかもしれないが、その逆の立場の人からすれば、そうした左派的な見方こそ、サヨク的なマインド・コントロールの帰結だと見ることもできる。映画『マトリックス』では、ネオたち反乱軍は、マトリックスの作り出す「幻影」から醒めて（＝自由になり）、「現実」へと回帰し、人間解放戦争を起こすというストーリー設定になっているが、三部作全体を通して見ると、〝醒めた＝自由になった〟という彼の〝経験〟こそ、マトリックスの作り出す究極の幻影であるかもしれない。

かなり抽象的な言い方になるが、ルソーが初期の論文『学問芸術論』（一七五〇）や『人間不平等起源論』で論じたように、人間は反省的自己意識を持ち、自分の周囲の世界についての「知識」を増すにつれ、次第に、自分の乏しさを認識し、〝不幸〟になっていく傾向がある。「不幸」の意識は、「進歩」への原動力になり得るが、「進歩」によって「不幸」が解消するとは限らない。一つの不幸が解消するのと引き換えに、別の不幸が生まれてくる可能性の方が大きい。知れば知るほど、世界には自分の思い通りにならないことばかりだと実感し、〝不自由さ〟を感じるようになる。しかもその「知」の基準は、時代や地域によってかなりの幅がある。

近代医療を全く知らない人間であれば、不治の病にかかって、有効な治療を受けられなくても、それは運命だと感じるかもしれない。しかし、自分の病によく効く治療法があることを知らされているにもかかわらず、その療法が日本で認可されていないからとか、金がないから、といった理由で、自分の手の届かないところにあると、〝不自由〟に感じるようになる。そうした〝不自由〟を生み出している社会の仕組み、法制度をどうにかしなければならない、とまで思うようになるかもしれない。可能性を知ったがゆえに、それにアクセスできないことを〝不自由〟だと感じるようになるわけである。こうした類の〝不自由〟は、科学技術が進歩すればするほど、増えていく。

また高級官僚、法律家、大学教授などの社会的地位が高いとされる〝知的職業〟について何も知らない人、あるいは、それらの職業の人と自分とは人種が違うと思っている人であれば、そうした職業におけるジェンダーや出自の格差のことなど、どうでもいい話だろう。しかし、自分がそうしたキャリアを歩みたいと具体的に考え始めると、それらの職種におけるジェンダーや階層の差別が気になり始め、それらが自分の「自己実現」を妨げている巨大な障壁のように思えてくる。

自分とはほとんど無縁な事柄であれば、そこにいかなる〝障壁〟があっても、それによって自分が不自由になっているとは思わないが、何らかの関わりができ、ある程度「知識」を持つようになると、障壁ゆえの〝不自由〟を感じるようになる。そこから〝障壁〟を除去して、〝自由〟に振舞おうとする「消極的自由」への具体的な欲求が生まれてくるわけであるが、その欲求自体が、その都度の「私」の自己認識、詳しく言うと、「私」自身と「私を取り巻く現状」の関係についての認識と不可分の関係にある。そして、〝現状〟に対する「私」の関わり方が変われば、「私」の欲求も変化する。「セクハラ」という概念を知る「以前の私」と、「以後の私」では、職場や学校に求めるものが違うので、「自由」を感じる尺度も異なる。

自己認識を通して、「私」が自らの周囲の現状に対する関わり方を変化させていく過程は、まさに「自己実現」の過程である。つまり、自己実現の過程の中で、各種の「消極的自由」への欲求が生じてくるわけである。中世封建社会の農村に生きていた農奴にとって、思想・信条の自由とか、表現の自由、学問の自由などは、自分の現状とは何の関係もない抽象的な観念にすぎなかったろうが、都市に移住し、自分で職業を選択するようになった時点で、次第にリアルな意味を持ち始める。自分の選択に基づいて高度な治療を受ける自由とか、国境を越えて好きなところで暮らす自由、臓器売買する自由、ネット上で何の制約もなく言論活動する自由、セクハラに妨げられることなくキャリア形成する自由などは、かなり〝進んだ社会〟――何をもって、「進んだ」というのかも難問であるが、ここでの本題ではないので、立ち入らないことにする――に生きている「私」にとってしか意味のない、「消極的自由」である。

そうすると、自己実現としての「積極的自由」に至る過程の個々の局面で「消極的自由」が出てくる、あるいは、その逆に、「消極的自由」の実現が積み重なっていく中で「積極的自由」が現れてくる、と見ることもできる。目の前にある障壁を越えて自由に振舞おうとする「消極的自由」に対する私の内の潜在的な欲求の時系列的な変化を視野に入れれば、「消極的自由」と「積極的自由」を明確に分けて考えることはできなくなる。

最終的に「実現」すべき理想的な「自己」の状態についてはっきりとしたイメージを持っている人であれば、「自己実現」としての「積極的自由」と、個々の行動についての「消極的自由」を明確に分けることができるかもしれないが、ほとんどの人間は、「理想の自己」のイメージを最初から持っていない。様々な局面で消極的自由を実現することを通して、〝ミニ自己実現〟を体験している内に、「自己」のイメージが次第に変化し、新たな「自己」を求めるようになるのが普通の人間だろう。そうした自己変容のプロセスは、大人になってからもなかなか終結しない。私はこの文章を書いている二〇〇七年四月現在、四十四歳であるが、四十四年生きても、どういう風に自己実現したいのか未だによく分からないが、誰に憚《はばか》ることなく無礼者を思い切り殴ってやる自由とか、やる気のない学生相手の授業を止めてもよい自由のような、チョー消極的な自由への細かい欲求は無茶苦茶たくさんある。

少し、具体的かつ真面目な例を挙げておこう。患者が、インフォームド・コンセントのプロセスを通して、自分に与えられている選択肢を理解したうえで、自分にとって最善の選択をしようとしている状況を考えてみよう。当然、自分が最も望む治療法を受けられるのが、「消極的自由」の達成ということになるだろう。軽い病気の治療であれば、簡単に説明を聞くだけですむだろうが、癌などの重病で、治療を受けても余命が限られたり、心身の活動力が著しく減退するような場合、あるいは身体の一部を失うような場合は、「自己決定」のために必要な「情報」が増えてくる。

そうした個人の生活の本質的な変化に関わる問題を、生命倫理学では「生活の質quality of life」という。「生活の質」の面での重要な情報というのは、当然、医師が一方的に提供してくれる医学の専門的な知識のみに限定されない。選択肢aを選んだ場合に予想される状態Aと、選択肢bに対して予想される状態B、選択肢cに対して予想される状態C……などを、医師の与えてくれる専門的な情報に基づいて、比較対照しながら、どの状態を私は最も望んでいるのか反省的に思考したうえで、自己決定に至ることになる。そうした反省の過程に、治療を経た後にどういう自己になりたいのかという、自己実現的な側面が絡んでいる。「自分にとって最も望ましい治療を選ぶ」という一見極めて個別具体的な自由の問題が、最終的に、「自己実現-積極的自由」をめぐる大きな問題とリンクしているわけである。

❖「自己」変容のための自由

前節で見たように、我々の個別の行為における「消極的自由」の成否は、自由な行為の主体である「自己」の変容と深くリンクしている。科学技術が急速に発展し、人間関係も複雑化し、公／私の境界線が曖昧になっている現代社会では、特に「自己決定権」と関連して、そのリンクが更に強まっていく傾向にある。そのため、現代リベラリズムは、「積極的自由」に繫がる「自己実現」のこともある程度視野に入れざるを得なくなっている。

サヨク・ウヨクの人々から誤解されるのを承知のうえで分かりやすい言い方をすると、極端な貧困や抑圧の状態にあるため、あるいは重い病気などのために、「自分はこれからどうしたいのか」さえ分からなくなっている人たちが、具体的な自由への要求を特に掲げていないからといって、「彼らは既に満たされている」といって、すませるわけにはいかない。ほとんどのリベラリストを名乗る人は、そう思っている。決して揺らぐことのない自己決定をし、それに基づいて首尾一貫性のある行動を取ることのできる――キリスト教―カント的な――人間など、現実にはいない。ほとんどの人間は、「自分はどうしたらいいのか」迷っており、何をもって、「私の自由」と言うべきかはっきり分かっていない。しかし、かといって、昔のマルクス主義とか、九・一一事件以後のアメリカの政権のように、「解放」とか「不朽の自由」――アメリカ主導の対アフガニスタン戦争はこう名付けられた――などの旗を掲げて、〝自己決定できない弱者〟に〝（積極的な）自由〟の理念を押し付けるのも、ナンセンスである。

そこで求められるのが、「積極的自由」に対するバーリンの警告を生かした中間的な戦略である。つまり、「自己」についてのポジティヴなイメージを抱くことに困難を来たしている当事者たちが、「自分にとっての自由」を定義できる状態に至れるよう、あまりにも押し付けがましくならない形で〝支援〟するための穏健なパターナリスティックな戦略である――私は「支援」という言い方がこれ見よがしな感じがして好きではないが、それ以外の表現をしようとすると、やたらにややっこしい言い回しになりそうなので、便宜的に「支援」と言っておく。無論、「支援」が特定の方向への誘導、マインド・コントロールにならないよう、当人とのコミュニケーションを密にし、常に〝支援〟の在り方を問い直す柔軟性が必要になるだろう。

当然のことながら、そうした〝支援〟を必要とするのは、いわゆる「社会的弱者」だけではない。「私はどうしたいのか」を私だけで決めることのできない全ての人間が、「自己」決定に至るために〝相互支援〟を必要としていると考えるべきである。「自己決定できる私」が、「自己決定できない弱者」を支援してやるという態度の〝リベラリスト〟は、早晩、「解放」の幻想を追いかけるサヨクになりさがることだろう。

ただ、そうはいっても、「誰も自分が何をしたいか分からない」と最初から言い切ってしまったら、何も始まらない。個別の行動における「消極的自由」の余地を確保する一方で、「自己決定→自己実現」に至るプロセスにおいて相互に〝支援〟し合うための制度を構想することが必要になる。この二つの方向性の間でバランスを取らねばならない。そんな都合の良い社会理論など、なかなかあるものではないが、参考になりそうなものを少しだけ紹介しておきたい。

正統派のリベラリストたちから、リベラリズムの弱点を補完する社会制度の構想として注目されているものとして、インド出身の経済学者アマルティア・セン（一九三三－　）による「潜在能力 capability」アプローチというのがある。「潜在能力」というのは簡単に言えば、〝自由〟をうまく扱って自己実現するための能力ということである。

ロールズなどの「平等」という要素を取り込んだ現代リベラリズムは、自由に行動するための「基本財」を各自に平等に配分し、かつ、自由競争の結果生じてくる「格差」をある程度まで是正する制度を構想することに主眼を置いてきた。しかし、「自由」の余地を与えられても、他の人と同じ様に〝自由〟に行動できない人たちもいる。心身に深刻な障害がある人に、職業選択の自由と、（障害がない人と同じ基準での）職業教育を受ける機会や就職のための情報を提供しても、ほとんど役に立たないことが多い。

ロールズの正義の原理を文字通りの意味で適用すると、そうした競争に参入できない〝弱者〟が何とか生きて行くことができるための再配分がなされるべき、ということになりそうだが、それは、〝弱者〟にとっての自由とは言えない。また、民族や宗教、セクシュアリティなどの面で少数派であるために、職業や住居、ライフスタイルの選択などにおいて、多数派よりも不利な人についても言える。多数派と同じ条件で〝自由競争〟できる機会を与えられても、その機会を利用し切るのは困難である。そうした実質的不平等を、結果的に是正するための積極的是正措置（アファーマティヴ・アクション）を継続的に実行することも考えられるが、それは実効性の面で限界があるし、「自由主義」の基本的な考え方と反する。

また、開発途上国のように、自由競争のための市場が十分に発達しない国や地域では、自由に生き方を選んでよいといわれても、どうしようもないことがある。生きるための選択肢がないので、現在の生活をそのまま続けるしかないということになりがちだ。食えなければ、仕方ない。場合によっては、自由の余地を思いっきり制約して、国の人材と資源を総動員して、産業を育成する開発独裁のような体制の方が望ましいこともある。

そうした現実的な問題を考えると、ロールズ流の正統派の「自由主義」は、自由競争が可能であるような発展した経済と、それに参加する能力がある「主体」がその共同体の構成員の大多数を占めていること、そして、競争の後での再配分によって弱者を救済することが可能であるような豊かな環境を暗黙の前提にしているように思われる。つまり、「立場の入れ替え可能性」について想像力を働かせる余裕があるような環境が前提になっている。そういう余裕のない貧しい状態の国や地域では、「立場の入れ替え可能性」原理に基づく自由論は通用しにくい。センの「潜在能力」アプローチというのは、「自由」を制度的に保障する〝以前〟の問題として、その共同体の構成員が、「自由」を使いこなすことのできる環境を整備して、各人の「自由」に向けての能力を開発することに主眼を置くものである。言い換えれば、「自由」に選択できるための選択肢をまず作り出すということである。生き方についての選択肢が備わった環境ができて初めて、「自由」を保障するための制度について有意味に考えることができるようになるわけである。

こうしたセンの考え方は、場合によっては、「(消極的な意味での)自由」よりも、「(積極的自由の発想に通じる)潜在能力」に重きを置くように見えるため、リベラリズムとは異質の思想と見なされることもある。セン自身は、貧困問題の解決のためには「自由」という要因が重要であることを強調しているが、現代における通常の意味での「自由主義」が、「自由」を各人にもともと備わっているものと見做してそれを「保障」しようとするのに対し、各人が「自由」に活動するための潜在能力の開発に主眼を置くセンの議論はかなり位相が異なる。ただロールズの流れを汲む正統派リベラリストたちの多くは、自由に活動するための物質的基盤がないところで、自由のための基本財の配分・再配分を語るのが虚しいことは認めているので、部分的にセンの議論を取り入れる人も少なくない。現代のリベラリズム系正義論とセンの関係について詳しくは、若松良樹『センの正義論：効用と権利の間で』（勁草書房、二〇〇三）参照。

開発経済学者であるセンの議論は、社会全般を底上げしていくことに焦点を当てているが、こうした「自己」変容の可能性を、個人の権利をめぐる法的な問題として探究するものとして、ポストモダン系フェミニズム法哲学者ドゥルシラ・コーネル（一九五〇－　）の「イマジナリーな領域 the imaginary domain」への権利論がある。「法の脱構築可能性」と、「正義の脱構築不可能性」をめぐるデリダ（一九三〇－二〇〇四）の議論――この方面でのデリダの議論については、高橋哲哉『デリダ：脱構築』（講談社、一九九八、二〇〇三）参照――の抽象的な議論を、ロールズの正義論や判例法の解釈論と接続可能にしたコーネルの議論は、この境界領域に関心を持っている人たちからは、それなりに注目されている。

「イマジナリーな領域への権利論」は主として、私が邦訳に関わっている『イマジナリーな領域』(御茶の水書房、二〇〇六)と『自由のハートで』(情況出版、二〇〇一)で展開されている。ここでは、現代リベラリズムの課題と関連付けながら、そのエッセンスだけ紹介することになる。

✣自己再想像としての「自由」

「イマジナリーな領域」というのは、ラカン(一九〇一－八一)の精神分析に出てくる「想像界/現実界/象徴界」の「想像界」に対応する。少しばかり「自由主義」と離れそうだが、脈絡をはっきりさせるため、少しだけ説明しておこう。ラカンの専門家に怒られるのを承知でかなり簡便化した言い方をすると、「想像界」というのは、母子が未分化なままに密着して、幼児の〝自我〟がまだ確立されていない状態の延長線上で形成されてくる心的な領域である。幼児は、母を始めとする周囲の他者たちを鏡としながら、「自己」のイメージを次第に形成していく。これらの他者たちとの関係抜きの全面的に自立した「自己」はありえず、彼らとの関係の中で「自己」は絶えず変容に対して開かれている。

ただし、フロイト（一八五六―一九三九）の言うエディプス・コンプレックス期になると、事態が変わってくる。父が母子の間に割って入ってくるようになり、子供は、母が自分のものではなく、父のものであることを知るようになる。それをラカンは、「ノー」を意味するフランス語の〈non〉と、名前を意味する〈nom〉が同じ発音（「ノン」）になるのを利用した言葉遊びで、「父の名＝否」と呼ぶ。「父の名＝否」は、「私」がこれから生きていくうえで従わねばならない様々な社会的な掟（コード）を象徴する。それが「象徴界」である。「父の名＝否」によって代表される「象徴界」との遭遇を通して、「私」は、「私」を取り巻き、私の動きを制約する、動かし難い「現実界」を知らされる。

　こうした「象徴界」及び「現実界」との緊張関係の中で、「私」は主体化していく。つまり、失われてしまった「母なるもの」との絆を回復するには、「父の名」に象徴される象徴界の諸規則を身に付けて、現実界の中で生き延びることのできる、強い自我にならねばならないことを悟った「私」が、父をモデルにした自律した主体になろうと努力するようになるわけである。そうした意味で「父の名」と同化（identify）することが、自我としてのアイデンティティ（identity）を確立することである。正統なフロイト＝ラカン解釈だと、「父の名」との同化を通して、いったん自我のアイデンティティが確立すると、そのアイデンティティは固定化し、大きく変化しなくなる。そこから逸脱すれば、各種の病的な症状を示すことになる。

　こうしたフロイト＝ラカン的な自我形成論だと、（父と性が異なる）女性の〝主体性〟形成という話が出てきにくく、女性が男性的な主体を補助するものでしかないような印象を与えるので、フェミニストには評判が悪い。また、「象徴界」を代表する「父の名」の支配が絶対的なもので、男性を中心とした支配構造を変化させることが不可能であるかのように見えることも、フェミニスト＋ポストモダン左派から非難される理由になっている。フェミニスト＋ポストモダン左派は、エディプス・コンプレックスに際しての父親との同一化に重きを置くフロイト＝ラカン的な自我形成の物語を、男根（ファロス）中心主義と呼び、悪の権化扱いする。

　フェミニストでもあるコーネルは当然、「女性的なもの」に「主体」としての地位を与えていないように見えるこうした俗流のフロイト＝ラカン的な物語を批判するが、普通のフェミニスト＋ポストモダン左派とは違って、この物語を真っ向から否定したりせず、異なるラカン解釈を示すことによって、「主体」のイメージを変容させることを試みる。彼女のラカン解釈によれば、〝主体〟の自己同一化願望の対象である「ファロス」というのは、極めてイマジナリーな性格のものであって、男性のペニスと同一ではない。従って、ペニスを持っている男性だけが、「ファロス」の代表する「象徴界」の掟を身に付けることに成功し、「主体」になれるわけではない。むしろ、「ファロス」それ自体は、どこにも見当らないので、男性も女性も、（象徴界にある）理想の〝自己〟と完全に同一化し、自立した主体になることはできない。男性も女性も、あるいはトランスジェンダーな人々も、理想の自己になり切ることはできず、常に不完全なままに留まるという点では、〝同じ〟である。

コーネルは、このイマジナリーな存在としての「ファロス」を、「想像界」における他者を鏡としての自己想像と関連付けて考える。つまり、「想像界」での自己想像がエディプス・コンプレックスによって急に中断し、「ファロス」を中心とした真の主体化のプロセスが始まる、ということではない。コーネルの理解では、主体の自己同一化の理想となる「ファロス」は、男性に固有の性器として育ってくるものでも、天（象徴界）から急に降って湧いてくるものでもなく、「想像界」における他者との関係の中での自己想像のプロセスを通して徐々に見えてくるものである。そして、このプロセスは別に、生物的なレベルでの性的機能が成熟したり、言語や社会的しきたりをある程度身に付けたからといって完了するわけではない。〝大人〟の年齢になると、ある程度アイデンティティの変化の幅は小さくなるが、アイデンティティ形成作用は完全停止しない。

従って、我々はみな不完全であるが、不完全であるがゆえに、その分だけ、「想像界」

における他者との関わりを通じて「自己」のアイデンティティを変化させることのできる「自由」があるということである。「イマジナリーな領域への権利」というのは、この「自由」を行使するために、それを妨害する者たちを排除する権利、周囲の他者たちの助けを要請する権利であると言うことができる。無論、我々全員が不完全であるということになれば、特に「権利」を設定する必要もないように思えるが、コーネルが問題にしているのは、「想像界」における身近な他者たちとの関係において、「自己想像」することに特に困難を来していると思われる人々である。

例えば、幼児期に性的虐待などを受けたトラウマからネガティヴなアイデンティティが形成され、自分でもあまり望んでいなかったのに、ポルノワーカーになった女性がいるとする。そういう女性たちについて、比較的恵まれた立場にあるフェミニストが、「それは女性の心と体を傷つけるよくない仕事だ。辞めるべきだ」と主張し、ポルノ廃止運動などを行なったら、かえって苦しめるだけだろう。別の職業に就くまでの資金援助をしても、アイデンティティの中に刷り込まれているトラウマの部分まで、取り除くことはできない。コーネルは、ポルノ業者を排除し、レイプ願望を持った男性を回心させて、妨害を排除さえすれば、そうした〝可哀相な立場にある女性〟が自分で、ポジティヴな「自己決定」をするはずと想定する主流派フェミニストの考え方を批判する。「自分でもどうしたらいいのか分からない状態」にある人に対して、「それはあなたの本心に基づく振る舞いではないはずだ。自由になりなさい」と啓蒙・説教しても仕方ない。

何人も究極の「自己決定」をすることはできず、葛藤し続けているわけだが、その中でも特に葛藤が大きい人に対しては、周囲の人々、政治共同体が支援すべきだとコーネルは考える。具体的には、自己のアイデンティティ決定のために周囲の人たちと話し合いの場を持ったり、意識向上グループ（consciousness-raising group）に参加したり、公的機関に相談したりする権利、そして自己決定に至るまでの猶予期間を保障してもらう権利などが考えられる。いわば、センの潜在能力アプローチと同様に、自己決定権を十分に行使できるようになるまでの前段階においてサポートしてもらうことを念頭に置くメタ権利論である。

このような説明の仕方をすると、「それはカウンセリングなどの機会を提供することと同じではないか。そのようなことは従来も行政やＮＰＯによって試みられてきた」という分かりやすい反応をする人がいる。部分的にはカウンセリングと重なるところもあるが、特定の病を抱えた人に対して弱者救済的な意味合いで行なわれるわけではなく、あくまでも権利主体として自己決定できるようになるための、自己再想像を補強することに主眼がある。トラウマを抱えたままポルノワーカーになっている女性に即して言えば、単に治療としてカウンセリングを受けるというだけでなく、（女性にとって望ましくないものと想定される）

ポルノ業界を止めるか止めないかの決定を早急に迫られることなく、現在の身分において法的な権利保障も受けながら、周囲の人たちと相談しながら、トラウマを受けた時点にまで遡って、「自己」を再イメージするための環境を与えられるということになるだろう。

コーネルはここから更に進んで、セクハラや妊娠中絶、解雇、多文化主義など、当事者の重要なアイデンティティに関わる紛争が生じた際には、単純な利益の対立として考えるのではなく、「イマジナリーな領域への権利」の侵害という視点から考えるべきだと主張する。「各人は外的強制さえなければ、常に自らの自由意志に基づいて自己決定して行動できるはず」、という近代リベラリズムの前提を問い直し、むしろ、そうなれるように相互に努力するという方向に発想を転換するということである。

❖「自由」と「自己」

大した結論はないが、一応、まとめておこう。本書を通してここまで論じてきたように、キリスト教＝カント主義的な「精神の自由」のようなものを最終ゴールに設定して、「みんな」でそこに到達しようとする考え方は、かえって〝不自由〟であり、時として全体主義に繋がることが分かってきた結果、現代リベラリズムは各人の〝自己〟申告に基づく「消極的自由」を、相互に最大限に認め合えるような制度を作るということに、自らの役割を限定するようになった。しかしながら、「消極的自由」を主張する主体としての「自己」とは何者なのか、ということを考え始めると、不可避的に、「精神の自由」の方向に戻っていくことになる。私の認識では、「消極的自由」の擁護に自己限定する方向に歩んできた「リベラリズム」は、全面的な方向転換ではないにせよ、「積極的自由」をめぐる問題も再び部分的にではあるが視野に入れつつある。

センやコーネルの議論自体はまだそれほど大きな支持を得ているとは言えないが、彼らが問題にしたような領域、つまり「自己決定権」行使の前提になるような前自由権あるいはメタ自由権的な領域について、現代の自由主義者は考えざるを得なくなっている。適切な社会環境と、本人の潜在能力、判断するための情報などが欠如しているところで、「自由に判断し、競争してください」と言われても、ほとんどの人は途方に暮れる。そうした途方にくれるような状態は、別にどこかの貧しい発展途上国の話ではない。現代日本社会を考えてみても、純粋に、自分の意志〝だけ〟で決めて実行できるようなことなどほとんどない。むしろ、複雑化している現代の先進国社会ほど、自分〝だけ〟で判断するのは難しくなっている。職業の選択は原理的には自由であるが、決まった枠の中で、一定の手順を経て選ばないと、「ニート」になってしまうかもしれない――別に「ニート」が悪いと言っているわけではないので、念のために。ホームレスとして生きるのも、同性愛者として生きるのも、やはり自由であるが、実質的にはかなりの不自由を蒙る。病気になった時、病院を選ぶ自由はあるが、選びすぎていると、死ぬかもしれない。

そうした様々の不確かさに起因する〝不自由〟を解消しようとすれば、「自己」想像の問題をも含むような形で、「自由」の射程を広げざるを得なくなるわけだが、あまり焦ってやりすぎてしまうと、サヨク・ウヨク的な「解放＝自由化」の論理に囚われてしまう。あまりにも誘導的にならないようなやり方を工夫しなければならない。言うまでもないことだが、「自己再想像としての自由」というのは、普遍的な法・政治制度によっては保障しにくい。コーネルの「イマジナリーな領域への権利」のような緩い枠組みでちょうどいい。別にコーネルの理論でなければならないというつもりはないが、イマジネーションを通しての「自己」生成のあり方について、何通りもの解釈を許容するような柔軟な概念装置でないと、宗教の教義のような〝理想の自己〟論のようなものになってしまう。「自由主義」が「～主義」である以上、「自由」を他人に代って「定義」するというお節介を避けることはできないが、少なくとも、定義し切ってしまって、変容の余地を残さないような硬い鉄の法則のようなものを作り出すことだけは避けるべきだろう。

あとがき

本文中で散々述べてきたように、「自由主義」というのはいずれにしても厄介なものである。「自由主義者」がどれだけ巧妙に「自由」を定義してみても、その定義された「自由」に当てはまらない振る舞いをしようとする人たちの〝自由〟を制約することになる。すべての人間が何らかの形で、〝みんな〟で決めたはずの「自由」に縛られている。でも不思議なもので、長いこと「自由」に縛られているうちに、それが〝自然〟であり、本当に〝自由〟だと感じるようになることもある。

多くの人に経験のあることだと思うが、私も小・中学生の時は、国語の時間の「自由作文」のようなものが苦手だった。「何でもいいから、自分の思っていることを自由に書きなさい」と先生から言われても、何もまとまったアイデアが出てこないのだ。何も書けないで、時間の最後まで残されることが多かった。決まった場所で決まった時間内に作文という決まった様式に従って「自由に書く」ということを強制されるのはヘンなことだ、と何となく違和感を覚えていた。

「自由作文」なるものを、しかもすらすらと書ける子は、私のようなぐずな子とは人種が違うのではないかとさえ思っていたこともある。しかし「嫌だ！嫌だ！」と思っているうちに、いつのまにか、その嫌なことに慣れてしまったようだ。現在の私にとっては、〝自由作文的なもの〟を書くことが半分職業半分趣味になっているので、ワープロに向かっていると〝自然〟と――ひどく疲れて頭が働かないのでない限り――良し悪しは別にして〝何か〟書けてしまう。

私が「自由主義（リベラリズム）」という言葉の意味するところについてある程度本気で考えるようになったのは、大学に入った頃からだと思うが、すぐに「自由主義」をめぐる高尚な議論に違和感を覚えるようになった。「自由主義」として語られていることの中身に違和感を覚えたのではない。私はそんな早熟のインテリではない。もっとレベルの低い話である。

本文の冒頭で少し示唆したように、「自由主義」についての解説本を書いたり、講演・講義したりしている人のほとんどは、どこかの権威ある大学の――多くの場合、法学・政治学系の――〝偉い先生〟である。そういう偉い先生たちの本を読んだり、（偉い先生の通なファンだと称する人たちの）話を聞くにつけ、「『自由主義』をちゃんと理解するには、先人のこれまでの歩みについていろいろと難しいことを勉強しなければならない。素人理解はいけない……」と説教されているような、〝窮屈〟な印象を持つようになったのである。〝偉い先生〟が難しい内容の本を書くのを、下々の者がありがたがって読むのは、至極当然のことであり、そのこと自体についてとやかく言っても仕方ない。私もそこまでバカではなかった。ただ「自由」がテーマになっているせいで、「何で『自由』について、こんな〝不自由〟そうな語り方をするのだろう」、と子供っぽい疑問をついつい抱いてしまうのだ。

その後、新興宗教団体信者、その団体系の新聞記者、東大駒場の大学院生、都内の私立大学の非常勤講師などを遍歴して、三四歳の時に北陸の田舎大学の法学部に勤めるようになった。そして、自分でもどういう風の吹き回しかよく分からないのだが、「自由主義」系の政治思想について研究らしきことをするようになり、じきにそういう授業も担当するようになった。その関係で、「自由主義」を概念的に厳密に定義し、素人には分からないような難しい話をする――主として法学・政治学系の――〝偉い先生〟たちとも少しばかりお付き合いするようになった。

私自身も〝自由〟について〝偉そうな話〟をする人間になってしまったので、流石に今では、そうした〝偉い自由主義者〟たちが異生物だとまでは思わないが、どうも彼らの言動にはついていけないものを感じてしまう。日本の大学や論壇の〝自由主義者〟たちには、「私たちは、自由な社会を現実的に打ち建てるための構想を理論的・学問的に追求しなければならない。あくまでも妥協することなく、『自由』の基本原理を探求するのが、私たちに与えられた崇高な使命である……」というような感じの、やたらに大仰で窮屈な使命感を抱いている人が多い――と少なくとも私にはそう思える。そういう人たちは基本的に「エリート」なので、何かの〝使命〟を背負っているという自負心がないと生きていけないのかもしれないが、そんなのとまともに付き合おうとすると、こちらも疲れてしょうがない。

〝彼ら〟の語っているロールズの正義論を基準にした「自由主義（リベラリズム）」は、論理的整合性を厳密に追求しすぎるせいで、かなり窮屈で、あまり〝自由〟な感じがしない。もっと緩くて適当な――そして、他の系統の思想ともある程度話の通じそうな――「自由」観でもいいのではないかと思ってきた。

以前に晶文社から出した『なぜ「話」は通じないのか』（二〇〇五）の担当編集者だったバジリコの安藤聡氏から、思想エッセイ的な新著を書いて欲しいと依頼された時、ちょうどそんなことを考えたので、〝緩い自由主義〟という設定で構想を固めることになった。こんなのでは緩すぎると思う人には、本当に〝偉い〟先生の書く学術的な「自由主義」の解説本をお勧めする。逆に、これでもまだ難しすぎる、固すぎるという人には、中・高校生向けの〝本当にやさしい本〟を読むことをお勧めする。

とにかく見当外れの〝期待〟で本書を手にとって、パブロフの犬のように吼えまくる〝毒者〟にはならないでいただきたい――そういう毒者になればなったで、どこかでまたバカの標本として利用させてもらうことになるので、私にとって損はないわけだが。

仲正昌樹

二〇〇七年七月三日
金沢市平和町公務員宿舎にて

仲正昌樹（なかまさ・まさき）

一九六三年広島県生まれ。東京大学総合文化研究科地域文化研究博士課程修了（学術博士）。現在、金沢大学法学部教授。文学や政治、法、歴史などの領域で、アクチュアリティの高い言論活動を展開。著書に『ポスト・モダンの左旋回』（情況出版）、『法の共同体』『歴史と正義』（以上、御茶の水書房）、『なぜ「話」は通じないのか』（晶文社）、『「不自由」論』『お金に「正しさ」はあるのか』『「分かりやすさ」の罠』（以上、ちくま新書）、『「みんな」のバカ！』『日本とドイツ二つの全体主義』（以上、光文社新書）、『ネット時代の反論術』（文春新書）、『集中講義！日本の現代思想』（ＮＨＫブックス）『思想の死相』（双風舎）などがある。

「自由」は定義できるか

二〇〇七年一〇月一五日初版第一刷発行

著　者　仲正昌樹

発行人　長廻健太郎

発行所　バジリコ株式会社

〒一〇三―〇〇二七

東京都中央区日本橋三―三―一二

電話　〇三―三五一六―八四六七

ファックス　〇三―三五一六―八四五八

印刷・製本　ワコープラネット・東京美術紙工

乱丁、落丁本はお取替えいたします。

本書の無断複写複製（コピー）は著作権法上の例外を除き、
禁じられています。価格はカバーに表示してあります。

ISBN 978-4-86238-073-9

http://www.basilico.co.jp

ZEUS LIBRARY
木星叢書

ZEUS LIBRARY
木星叢書

身体知――身体が教えてくれること

内田樹×三砂ちづる

危険や気配を察知したり、場の空気を読んだり、人の気持ちを斟酌できたり。カラダにはカラダ固有の知性がある。それらの身体感受性は、女は出産、男は武道で取り戻すしかない?! 身体的思考をもとにした新しいコミュニケーション論。

身体を通して時代を読む

甲野善紀×内田樹

武術の智慧がこの国の歪みを糺す！ 武術研究者・甲野善紀と、現代思想の研究者にして合気道六段の内田樹が、学校教育の改革、日本的組織の欠陥、飽食と生きる意欲のジレンマなど、日本が抱える喫緊の課題について縦横無尽に語りつくす、憂国的武術対談。

生き延びるためのラカン

斎藤環

「心の闇」がどうした！ ラカンを読め！ ひきこもり、ストーカー、リストカット、ＰＴＳＤ、フェティシズム……現代社会を読み解く鍵は、ラカンにある！ 幻想と現実が紙一重のこの世界でリアルに生き延びるための、〝使えるラカン解説書〟にして精神分析入門。